컨벤션기획사 2급 실기 대비

NCS 기반 컨벤션기획서 작성실무

이선화 · 최정자

C o n v e n t i o n   P l a n n i n g

Profile

이선화

현)동국대학교 WISE캠퍼스 강사
현)에어클래스 컨벤션기획사 자격증과정 책임교수
현)K-Mooc 제작교수(한국사이버외대)
동국대학교 호텔관광경영학 박사
경희대학교 관광학 석사(컨벤션경영 전공)

최정자

현)동국대학교 WISE캠퍼스 교수
현)동국대학교 WISE캠퍼스 교양융합교육원장
Kansas State University 박사
Hospitality Management 전공
(세부전공: 컨벤션경영)

NCS 기반
컨벤션기획서 작성실무
(컨벤션기획사 2급 실기 대비)

2022년 9월 5일 초판 1쇄 인쇄
2022년 9월 10일 초판 1쇄 발행

지은이 | 이선화 · 최정자
펴낸이 | 김종욱 · 명사동
펴낸곳 | 지식인
등 록 | 제301-2013-134호
주 소 | 서울시 도봉구 도봉로 180길 20 투웨니퍼스트 102동 602호
전 화 | 02)2266-8606(대)
팩 스 | 02)2266-8607
이메일 | jisikin2013@naver.com
홈페이지 | www.jisikinbook.co.kr

ISBN 979-11-92570-02-0 (93320)

값 18,000원

NCS 기반

컨벤션기획서 작성실무

CONVENTION PLANNING

PREFACE

2003년부터 시행되기 시작한 MICE분야 유일한 국가공인 자격증인 컨벤션기획사 시험이 몇 번의 진화를 거쳐 2022년부터 새로운 시험 유형으로 운영된다. 다른 영역에서도 적용되고 있는 NCS를 기반으로 한 유형으로 출제가 되면서 수험생들에게는 걱정 반 기대 반의 마음이 있으리라 생각된다.

본서는 NCS를 기반으로 한 컨벤션기획서의 기초적인 구성에서부터 컨벤션기획사 2급 실기를 준비하는 분들을 위한 실질적인 지침서가 될 수 있도록 구성하고 있다.
우선은 현장에서 실제 사용되는 컨벤션기획서의 내용을 기반으로 하여 NCS 적용 가능한 부분을 접목하였다. 이는 컨벤션기획사로 활동하는 초보자들에게도 도움이 될 수 있고, 또한 컨벤션기획사가 되기를 꿈꾸며 자격증 시험에 도전하는 분들에게 시험 대비용으로도 활용이 가능하다.

Chapter 1에서는 컨벤션기획사의 업무와 컨벤션기획사 자격증 시험에 관하여 소개하였고,
Chapter 2는 컨벤션기획서 작성을 위한 기획서의 구성 및 항목별 세부 운영파트 작성법에 관하여 수록하였다.
Chapter 3은 실제 자격증 시험에서 출제되었던 내용을 분석한 해설을 담아 두었으며, 마지막
Chapter 4는 컨벤션기획사 실기과목 중 영어서신 작성 파트에서 출제된 문제를 중심으로 설명을 추가하였다.

본서는 컨벤션 업무와 관련한 기획서를 작성하기 위한 초보자들을 위한 가이드로서 컨벤션기획서 작성A-Z 내용을 하나씩 학습하고, 또한 컨벤션기획사 자격증(2급) 실기 시험을 준비하는 학습자들에게도 실질적인 도움이 되기를 바란다.

공저자

CONTENTS

CONTENTS

NCS(국가직무능력표준)

대분류	중분류	소분류	세분류
12	03	03	01 02 03
이용, 숙박, 여행, 오락, 스포츠	관광, 레저	컨벤션	회의기획 전시기획 이벤트기획

직무명1 : 회의기획

1) 직무정의

회의 기획은 국제회의 및 국내회의를 유치 또는 신규 개발하고 개최를 위한 기획, 회의 프로그램 설계, 예산 및 회의 참가자 관리, 마케팅, 회의 현장 운영을 통해 회의 참가자 간의 교류와 의사소통을 증진시키는 일이다.

2) 능력단위

순번	분류번호	능력단위 명	수준
1	1203030101_17v2	회의 유치	8
2	1203030102_17v2	신규회의 개발	7
3	1203030103_17v2	회의 개최 기획	7
4	1203030104_17v2	회의 예산 관리	6
5	1203030105_17v2	회의 후원 유치	6
6	1203030106_17v2	회의 프로그램 설계	5
7	1203030110_17v2	회의 인력 관리	3
8	1203030111_17v2	회의 현장 조성	4
9	1203030112_13v1	회의 위기 관리	5
10	1203030113_17v2	사후 관리	3
11	1203030114_17v3	회의 등록 및 숙박 관리	3
12	1203030115_17v3	의전 · 수송 · 관광 · 식음료 관리	3
13	1203030116_17v2	회의 홍보 및 마케팅	5
14	1203030117_17v2	회의 제작물 기획 관리	4

직무명 2 : 전시기획

1) 직무정의

컨벤션 기획에서의 전시기획은 전시회 개발 및 운영·계획을 수립하고 바이어, 일반 참관객, 참가업체 유치 및 관리, 전시장 조성, 운영서비스 등을 통하여 상품 및 서비스 거래를 위한 통합마케팅의 장을 구성하는 일이다.

2) 능력단위

순번	분류번호	능력단위 명	수준
1	1203030201_17v2	전시회 개발	8
2	1203030202_17v2	전시회 기본 계획 수립	7
3	1203030204_17v2	전시회 참가업체 유치 관리	5
4	1203030205_13v1	전시회 재무 관리	6
5	1203030207_13v1	전시품 물류 관리	4
6	1203030211_17v2	전시회 공식 · 부대행사 기획 · 운영	5
7	1203030212_17v2	전시회 비즈니스 매칭 관리	3
8	1203030214_17v2	전시회 안전 관리	5
9	1203030215_17v2	전시회 사후 관리	4
10	1203030216_17v2	전시회 현장 운영 · 계획 및 관리	5
11	1203030217_17v2	전시회 협력업체 관리	4
12	1203030218_17v2	전시회 제작물 기획 관리	3

직무명 3 : 이벤트기획

1) 직무정의

컨벤션 산업에서의 이벤트 기획은 정부 · 협회 · 단체 · 기업 등에서 주최하는 컨벤션 프로그램 중 공식 · 사교 · 부대행사를 기획 · 연출 · 운영 하는 일이다.

2) 능력단위

순번	분류번호	능력단위 명	수준
1	1203030301_17v2	이벤트 기획 · 제안	8
2	1203030302_17v2	이벤트 예산 관리	7
3	1203030303_17v2	이벤트 계획 및 관리	6
4	1203030304_17v2	이벤트 현장 연출	7
5	1203030305_13v1	이벤트 영상 제작 기획 · 관리	5
6	1203030306_13v1	이벤트 출연진 섭외 관리	4
7	1203030307_17v2	이벤트 식음료 계획 · 관리	4
8	1203030308_17v2	이벤트 제작물 관리	4
9	1203030309_13v1	이벤트 행사 의전	6
10	1203030310_13v1	이벤트 현장 인력 관리	3
11	1203030311_13v1	이벤트 사진 · 영상기록물 관리	5
12	1203030312_13v1	이벤트 협력사 관리	5
13	1203030313_17v2	이벤트 현장 안전 관리	6

NCS-Based

CONVENTION PLANNING

제1장 컨벤션기획사

01 컨벤션기획사의 업무

컨벤션기획사Convention Planner의 업무에 관해서는 우선 두 가지 상황으로 나눠지는 것에 대한 이해가 필요하다. 첫 번째는 컨벤션을 유치하기 위한 영역에서의 업무, 두 번째는 유치된 컨벤션을 개최하기 위한 업무이다. 컨벤션 현장운영 상황에 관하여 다양하고 많은 경험과 지식을 가지고 있는 컨벤션기획사Convention Planner는 컨벤션을 개최하고자 하는 국가나 도시로 행사를 유치하고자 할 때 실제로 행사의 실현도에 있어서 정확도가 높고 현실감이 있는 그림을 그리는 중요한 역할을 수행할 수 있다. 하지만 본서에서는 업무 중요도의 경중을 따진다기보다는 실제 컨벤션기획사가 진행하는 업무의 빈도에서 현저히 많이 차지하는 두 번째 영역인 행사 유치가 확정된 컨벤션을 성공적으로 이끌기 위한 기획 및 운영에 관련된 업무를 중심으로 설명하고자 한다. 이는 현재 시행되고 있는 컨벤션기획사 자격증 시험에서도 중점적으로 제시되는 부분으로 유치 단계가 아니라 확정된 컨벤션을 기획사가 어떻게 기획하고 운영할 것인지에 관한 능력을 판단하고 있다고 할 수 있다.

컨벤션기획사Convention Planner의 업무를 간단하게 정의하자면 성공적으로 컨벤션행사를 이끌기 위해 필요한 모든 부분에서 기획부터 현장 운영 그리고 최종 마무리까지를 담당하는 것이라고 할 수 있다. 여기에는 무수히 많은 사람들과의 커뮤니케이션Communication이 포함되어 있어서 해외 연사나 참가자들과의 원활한 의사소통을 위해서 영어는 필수적인 수단이 된다. 이 역시 컨벤션기획사 자격증 시험에 영어서신이라는 과목으로 운영되고 있으며, 본서의 chapter 4에서 유용한 서신 몇 가지를 소개해 두었다.

컨벤션기획사 2급 시험의 필기(1차) 부분을 준비하면서 컨벤션의 개최 주최에 따라 기업회의Corporate Meeting, 협회회의Association Meeting, 정부회의Government Meeting로 나눠지는 것을 알고 있을 텐데, 이 행사들은 각각의 특성을 가지고 있다. 즉, 개최되는 회의의 유형에 따라 반드시 차이가 있다는 것을 이해하는 것이 필요하다. 예를 들어, 개최 목적에 있어서 기업회의는 기업의 임직원들의 사기진작이나 미래비전을 제시하기 위한 행사가 운영된다면 협회회의는 협회회원들이 원하는 최신의 지식과 정보를 전달하고 회원들 간의 네트워크에 중점을 두어 운영된다. 정부회의 경우는 국가 간의 중요한 어젠다를 해결하기 위해 개최되는 경우가 많다. 이렇듯 개최되는 회의가 무엇을 목적으로 하는가에 따라 프로그램의 구성이나 장소 선정 등 운영의 분위기가 달라져야 한다는 것이다.

그렇다면 위에서 제시한 회의들 간의 공통점은 없는 것인가? 다행히도 그렇지는 않다. 컨벤션을 구성하고 있는 대표적인 항목인 참가자 등록, 회의(학술회의) 장소 선정 및 프로그램 구성, 숙박 업무, 관광 및 수송 업무, 전시회 기획, 예산 수립 및 집행 등 큰 카테고리는 동일하다. 단 반드시 유의해야 할 사항은 개최하고자 하는 컨벤션이 기업 회의, 협회 회의, 정부 회의 중 어느 것인지에 관한 이해가 선행되어야 한다는 것이다. 각각의 회의가 중요 시 하는 것이 어떤 부분인지를 숙지한 후에 기획과 운영을 하는 것이 무엇보다 중요하다고 할 수 있다. 이는 자격증 시험을 위해서 작성하는 기획서에도 나타나야 하는 부분이다.

1) 컨벤션기획사의 항목별 주요 수행 업무

구분	주요 업무
기획	- 기본 및 세부추진계획서 작성 - 예산서 작성 - 행사 전문요원 모집, 선정 및 교육 - 회의장 및 숙박 장소 선정 - 행사 준비 및 운영일정표 작성 - 행사 결과보고서 작성
회의	- 회의장 선정 및 계약 - 회의장 배치도면 작성 - 각종 회의록 작성 - 전문인력 확보 및 교육 - 회의 및 전시용품 면세통관 작업 - 회의 진행시간표 작성 - 연설문, 발표문 등 원고접수 및 편집 - 프로그램 기획 및 제작 - 각종 기자재 수급
등록	- 등록계획 수립 - 참가등록 관련 자료관리 - 현장 등록대 설치 및 운영 - 현장등록 시 소요물품 배치 - 참가등록자 명단작성 및 네임텍 발급 - 참가등록 신청서 기획 및 배포 - 온라인 등록시스템 구축 및 운영 - 현장등록 장소 선정 및 배치도 작성 - 등록 운영요원 선정 및 교육
숙박	- 객실 확보계획 수립 - 호텔과 객실 사용에 관한 커뮤니케이션 - 회의참가자에게 숙박신청서 발송 및 접수 - 숙박예약 및 예약금 접수 - 객실배정계획 수립 - 전체 숙박명부 작성 및 관리 - 숙박지별 자료 처리 - No-Show 처리
수송, 관광	- 수송 및 관광계획 수립 - 셔틀버스 운영계획 수립 - 관광프로그램 개발 및 신청서 발송 - 관광안내 데스크 운영 - 입·출국 버스 운영계획 수립 - 관광지 선정 및 답사 - 공식 지정여행사 선정 - 관광차량 수배 및 예약
의전	- 출입국 절차 계획 - 공항 영접대(안내대) 설치 - 참가자 출입국 확인 - VIP 공항귀빈실 이용에 따른 제반절차 수립 - 미수교국 참가자 입국절차 및 경호계획
홍보, 출판	- 홍보계획 수립 - 행사안내서 기획, 디자인 및 제작 - 회의프로그램 기획, 디자인 및 제작 - 참가자들의 편의제공을 위한 안내책자 제작, 배포 - 보도자료 및 기자회견 준비 - 현장 촬영기사 선정 - 뉴스레터 제작, 배포 - 프레스센터 운영 - 현장 설치물 운영
사교행사	- 행사별 프로그램 기획 - 초청인사 초청장 제작 및 발송 - 행사진행 프로그램 작성 - 사회자 선정 및 연설문 작성 - 행사별 시나리오 작성 - 행사장 도면 작성 - 운영요원 선정 및 교육 - 행사장 설비 및 안전점검
재정	- 예산서 작성 - 자금확보 및 자원계획 수립 - 출납관리(증빙서류 관리) - 예산운영계획 수립 - 회계장부 관리 - 결산보고서 작성

출처 : 한국관광공사 저자 재편집

02 컨벤션기획사 자격시험 소개(2급)

컨벤션기획사 자격증 시험은 한국산업인력공단에서 실시되고 있으며 국가기술자격증으로 자격기준에 따라 1급과 2급으로 나눠서 시행 중이다.

1급의 응시자격은 컨벤션기획사 2급 자격을 취득한 후 3년 이상 실무에 종사한 사람, 4년 이상 실무에 종사한 사람 또는 외국에서 동일한 종목에 해당 자격을 취득한 사람이 해당된다.

2급의 경우에는 특별한 응시 자격이 없으며 컨벤션기획사 1급 자격자의 지휘 하에 회의기획 / 운영 관련 제반업무를 수행하는 자로 회의목표 설정, 예산관리, 등록기획, 계약, 협상, 현장관리, 회의평가 업무에 대해 전문적인 지식을 갖고 업무를 할 수 있는 자격을 인정하게 된다.

1) 국가자격 종목별 상세정보

- 자격명 : 컨벤션기획사 2급
- 영문명 : Convention Meeting Planner II
- 관련부처 : 문화체육관광부
- 시행기관 : 한국산업인력공단

2) 시험일정 *매년 정확한 시험일자는 큐넷에서 확인 필요함

구분	필기원서 접수	필기시험	필기합격 발표	실기원서 접수	실기시험	최종합격자 발표
정기1회	1월 하반기	3월 초	3월 말	4월 초	5월 초	6월 중순
정기2회	3월 하반기	4월 말	5월 중순	6월 말	8월 중순	9월 말
정기3회	6월 초	7월 초	8월 초	9월 초	10월 중순	11월 말

http://q-net.or.kr / crf005.do?id=crf00503&jmCd=9536&gId

*정기 4회는 컨벤션기획사 1급만 시행되고 있음.

3) 시험과목('22년부터 적용)

구분	시험과목	검정방법
필기시험	1. 컨벤션 기획(30문항) 2. 컨벤션 운영(30문항) 3. 부대행사 기획 · 운영(20문항)	객관식 4지 택일형
실기시험	컨벤션 실무(컨벤션기획 및 실무제안서 작성, 영어서신 작성)	작업형(6시간)

(1) 합격기준

- 필기 : 100점을 만점으로 하여 과목당 40점 이상, 전과목 평균 60점 이상
- 실기 : 100점을 만점으로 하여 60점 이상

※ '16년도부터 과정평가형 자격으로 취득 가능(관련 홈페이지 : www.ncs.go.kr)

(2) 기획서 평가기준

- 기획력 : 1 / 3창의력 : 1 / 3비주얼(PPT 구성) : 1 / 3

4) 종목별 검정현황

종목별	연도	필기			실기		
		응시	합격	합격률(%)	응시	합격	합격률(%)
컨벤션기획사 2급	2021	1,367	1,154	84.4%	818	369	45.1%
컨벤션기획사 2급	2020	1,259	1,115	88.6%	841	538	64%
컨벤션기획사 2급	2019	1,077	834	77.4%	577	310	53.7%
컨벤션기획사 2급	2018	1,071	785	73.3%	470	236	50.2%
컨벤션기획사 2급	2017	1,099	845	76.9%	657	306	46.6%
컨벤션기획사 2급	2016	1,216	973	80%	722	260	36%
컨벤션기획사 2급	2015	1,555	1,211	77.9%	909	310	34.1%
컨벤션기획사 2급	2014	1,412	1,052	74.5%	777	422	54.3%
컨벤션기획사 2급	2013	1,177	1,027	87.3%	668	484	72.5%
컨벤션기획사 2급	2012	847	689	81.3%	483	232	48%
컨벤션기획사 2급	2011	631	551	87.3%	371	233	62.8%
컨벤션기획사 2급	2010	557	422	75.8%	296	120	40.5%
컨벤션기획사 2급	2009	422	335	79.%	191	83	43.5%
컨벤션기획사 2급	2008	263	210	79.8%	152	78	51.3%
컨벤션기획사 2급	2007	330	281	85.2%	168	44	26.%
컨벤션기획사 2급	2006	313	266	85%	158	58	36.7%
컨벤션기획사 2급	2005	400	170	42.5%	178	64	36%
컨벤션기획사 2급	2004	817	380	46.5%	397	48	12.1%

03 컨벤션기획사 2급 시험 출제기준(NCS 기준 / 2022년 1월~2026년 12월)

2022년 1월부터 적용 중인 NCS 기반 컨벤션기획사 2급 자격증 시험은 아래의 NCS 능력 단위를 기준으로 시행된다.

1) 컨벤션기획사 2급 취득을 위한 시험과목 및 활용 국가직무능력표준(NCS) 단위

필기 과목명	NCS 능력단위	실기 과목명	NCS 능력단위
컨벤션 기획	경영계획 수립	컨벤션 기획 실무	회의등록 및 숙박관리
	회의 홍보 및 마케팅		의전 · 수송 · 관광 · 식음료 관리
	회의 프로그램 설계		회의 프로그램 설계
	회의 개최 기획		회의 홍보 및 마케팅
	전시회 참가업체유치 관리		회의 위기 관리
컨벤션 운영	회의 현장 조성	컨벤션 기획 실무	회의 현장 조성
	의전 · 수송 · 관광 · 식음료 관리		전시회 참가업체유치 관리
	회의 위기 관리		전시회 현장 운영 계획 및 관리
	회의등록 및 숙박관리		전시회 공식 · 부대행사 기획 · 운영
	회의 제작물 기획 관리		이벤트 현장 연출
	회의 인력 관리		
부대행사 기획 · 운영	이벤트 현장 연출		
	이벤트 영상 제작 기획 · 관리		
	전시회 공식 · 부대행사 기획 · 운영		
	전시회 현장 운영 계획 및 관리		
	전시회 안전관리		

2) 실기 출제기준

직무 분야	경영·회계·사무	중직무 분야	경영	자격 종목	컨벤션기획사2급	적용 기간	2022.1.1~ 2026.12.31
○ 직무내용 : 컨벤션 기획자로서 갖추어야 할 기본 지식을 바탕으로 회의·전시·이벤트의 등록, 숙박, 의전, 수송, 연회, 현장운영, 인력관리 등을 수행하는 직무이다. ○ 수행준거 : 1. 참가자의 제반 회의 참가활동을 지원 및 관리하기 위한 것으로 등록을 접수받고 동선을 관리하고 숙박예약을 받으며 관리를 진행할 수 있다. 2. 참가자의 의전관리를 실행하고, 관광 및 수송을 실시하고 식음료 관리를 진행할 수 있다. 3. 회의 프로그램 구성 내용에 따라 회의 운영방식, 프로그램 편성표를 결정하고 프로그램 콘텐츠로서 발표논문 접수와 연사섭외를 진행할 수 있다. 4. 회의 PR 전략 수립하고, 홍보 매체 활용계획을 수립하며, 기자회견 등을 통해 회의에 대해 공중에게 인지도를 높이고, 일반 참가자 유치를 위해 마케팅 계획을 수립하고 참가자 프로모션을 진행 및 관리할 수 있다. 5. 안전을 보장하기 위해 소방, 의료, 치안과 관련된 위기상황 대처 계획을 수립할 수 있다. 6. 전시회 참가기업 및 바이어를 직접 유치하기 위하여 유치실행계획을 수립하고 홈페이지 구축, 직접마케팅, 방문마케팅 등 전시회 고객에 따라 적절한 유치활동을 진행할 수 있다 7. 전시회 현장에서 요구되는 현장인력, 현장 사무국, 참가기업 지원서비스 및 부대시설에 업무에 대한 계획, 실행, 관리를 제공할 수 있다. 8. 참가기업 및 참가자의 만족도 제고를 위해 개막식 및 부대행사 계획, 출연진 관리, 식음료 관리, 현장운영업무를 수행할 수 있다. 9. 이벤트의 영상 수요 및 특성을 파악하여 시놉시스를 구성하고 영상물 제작·관리 및 수정·보완하여 영상물 시사 후 최종 납품에 대해 검수할 수 있다 10. 행사 성격을 파악하여 그에 맞는 연출안과 행사장 조성 및 시스템 설치 계획을 수립하고 이에 따라 실행할 수 있다 11. 회의 시설 선정에서부터 회의실을 조성하고, 장비 및 시스템을 구축하고 운영하며, 유지와 보수 업무를 통해 회의장 물자를 관리할 수 있다.							

3) 출제기준 주요항목

주요항목	세부항목	세세항목
1. 회의등록 및 숙박관리	1. 온라인 등록 및 숙박 프로그램 개발 계획 수립하기	1. 온라인 등록 및 숙박프로그램의 구축을 위해 전차 대회나 유사 회의의 온라인 등록 및 숙박프로그램을 분석할 수 있다. 2. 회의의 규모에 맞춰 어느 정도 기능을 갖춘 온라인 등록 및 숙박프로그램이 필요한지 파악할 수 있다. 3. 등록, 숙박, 관광, 학술시스템 중에서 회의에 사용될 기능들과 사용 언어를 결정할 수 있다. 4. 회의 개최시기에 맞춰서 온라인 등록 및 숙박프로그램 개발 일정을 작성할 수 있다. 5. 온라인 등록 및 숙박프로그램 구축에 필요한 예산을 산정할 수 있다. 6. 온라인 등록 및 숙박프로그램의 활용으로 인한 결과를 예측할 수 있다. 7. 온라인 등록 및 숙박프로그램 개발을 위한 계획서를 작성할 수 있다.

주요항목	세부항목	세세항목
	2. 온라인 등록 및 숙박 프로그램 개발 및 구축하기	1. 사전등록과 현장등록을 위한 온라인 회의 등록프로그램의 내용과 범위를 정의할 수 있다. 2. 참가자의 숙박을 위한 온라인 숙박프로그램의 내용과 범위를 정의할 수 있다. 3. 참가자의 관광프로그램 사전 등록을 위한 온라인 프로그램의 내용과 범위를 정의할 수 있다. 4. 신속한 현장진행을 위해서 바코드, RFID를 활용한 참가자의 출입 관리, 명찰제작, 논문접수, 등록확인증 발급을 위한 온라인 등록 및 숙박프로그램의 내용과 범위를 정의할 수 있다. 5. 온라인 등록 및 숙박프로그램의 각 단계별로 필요한 정보를 국문과 영문으로 제시할 수 있다. 6. 온라인 등록 및 숙박프로그램의 사용 시 자동 발송 되는 안내메일, 팝업창 내용, 파일업로드 방식, 입력방식과 자료 수집 데이터베이스 구축형태의 내용을 제시할 수 있다. 7. 온라인 등록 및 숙박프로그램의 개인정보보호정책 운영방안을 제시할 수 있다. 8. 온라인 등록 및 숙박프로그램의 개발 및 운영 시에 발생할 수 있는 보안취약점들을 이해하고 온라인 등록 및 숙박프로그램 개발을 담당한 외부용역업체들로 하여금 진단하여 제거할 수 있도록 한다.
	3. 온라인 등록 및 숙박 프로그램 운영 및 유지보수하기	1. 온라인 등록 및 숙박프로그램을 테스트하고 시스템의 운영상 문제가 없는지 모니터링 할 수 있다. 2. 참가자가 온라인 등록 및 숙박 프로그램을 잘 활용할 수 있도록 매뉴얼을 작성할 수 있다. 3. 참가자로부터의 각종 질문들과 예외사항에 대해 응대를 할 수 있다. 4. 온라인 등록 및 숙박 프로그램을 사용하는 참가자로부터 문제점이 제기되면, 협력업체에 문의하여 해결할 수 있다. 5. 온라인 등록프로그램을 통해서 구축된 데이터베이스를 다운받아, 등록 현황을 파악할 수 있다. 6. 온라인 등록 및 숙박프로그램을 통한 개인정보의 유출, 해킹피해를 예방할 수 있도록 준비할 수 있다.

주요항목	세부항목	세세항목
	4. 참가자 등록접수 및 관리하기	1. 회의 개최 목표 및 예산계획에 따라 등록접수 계획을 수립할 수 있다. 2. 주최 측과 협의하여 등록자를 카테고리별로 구분하고 등록비를 차등 책정할 수 있다. 3. 주최 측과 협의하여 조기, 사전, 현장으로 등록 시기를 정할 수 있다. 4. 주최 측과 협의하여 온라인, 오프라인 상의 등록접수 방법을 정할 수 있다. 5. 주최 측과 협의하여 등록 취소, 환불, 변경에 대한 규정을 수립할 수 있다. 6. 등록접수계획에 따라 등록양식을 제작, 발송할 수 있다. 7. 사전등록기간 중 등록접수 시 등록자에게는 정해진 기간 내에 등록을 접수하고 등록확인증(confirmation letter) 및 영수증을 발송할 수 있다. 8. 등록 및 참가에 관한 문의사항에 대응할 수 있다. 9. 현장등록접수를 위해 현장등록데스크 운영계획을 수립할 수 있다. 10. 현장운영계획에 따라 등록요원 교육을 실행할 수 있다. 11. 등록비를 관리하고 미결제 등록자(outstanding)에 대한 방침을 수립할 수 있다. 12. 등록양식상의 등록자 정보를 기록한 등록자 데이터베이스를 구축할 수 있다. 13. 등록비 관리를 위한 별도의 통장을 개설할 수 있다. 14. 온라인 결제를 위해 결제대행 서비스사(PG : Payment Gateway)와 별도의 계약을 체결할 수 있다.
	5. 참가자 동선 관리하기	1. 참가자 이동 경로에 따라 참가자 동선관리 계획을 세울 수 있다. 2. 참가자 이동 경로 상에 나타날 수 있는 혼잡, 좁은 통로, 안전사고 요소들을 사전에 인지할 수 있다. 3. 동선관리 계획에 따라 적절한 출입 시스템과 좌석 배치, 동선을 결정할 수 있다. 4. 줄을 서야 하는 상황에 대비하여 대기 행렬관리 방안을 수립할 수 있다. 5. 동선관리 계획에 따라 안내표지판 및 안내원을 적절하게 배치할 수 있다. 6. 동선관리 계획에 따라 안전사고 위험에 대비할 수 있다.

주요항목	세부항목	세세항목
	6. 참가자 숙박 예약 및 관리하기	1. 회의 개최 장소로부터 일정거리에 있는 호텔 현황표를 작성할 수 있다. 2. 회의장 위치, 호텔 수용시설을 고려, 주최 측과 협의 후, 본부 및 서브호텔을 결정하고 호텔과의 계약, 협상을 진행할 수 있다. 3. 참가자 숙박신청서에 따라 등급별, 가격별, 객실 타입별 호텔 수요를 파악할 수 있다. 4. 호텔 수요에 따라 객실 블록과 해제 방침을 정할 수 있다. 5. 참가자 숙박신청에 따라 신청 호텔의 잔여객실 유무를 확인한 후 해당 호텔에 예약하고 호텔에 예치금(deposit)을 인계할 수 있다. 6. 예약이 완료되면 예약확인증(confirmation letter)을 참가자에게 발송할 수 있다. 7. 참가자 신청호텔에 잔여객실이 부족한 경우 숙박 가능한 호텔을 파악하여 숙박예약을 완료할 수 있다. 8. 행사 기간 중 호텔에 숙박데스크를 운영하여 참가자의 숙박 수속편의 업무를 제공할 수 있다. 9. 숙박 취소, 노쇼(No Show) 환불 규정을 설정하여 적용할 수 있다.
2. 의전·수송·관광·식음료 관리	1. 참가자 영접 및 의전 관리하기	1. 주최 측과의 협의를 통하여 영접, 의전 대상자를 결정하고 명단을 제작, 관리할 수 있다. 2. 주최 측과의 협의 및 필요시 자료 검색을 통해 영접, 의전대상자의 서열, 개별성향, 참석행사 일정을 파악할 수 있다. 3. 의전 서열에 따라 영접순서를 결정, 실행할 수 있다. 4. 의전 서열에 따라 소개 순서 및 좌석배치를 결정할 수 있다. 5. 영접 및 의전에 필요한 물품을 결정, 준비할 수 있다. 6. VIP룸 설치 및 상황을 수시로 점검할 수 있다. 7. 필요시, 영접, 의전대상자에 대한 전담인력을 배치할 수 있다. 8. 의전대상자를 위한 차량이동수배 및 주차를 관리할 수 있다. 9. 필요시, 의전대상자를 위한 교통통제 및 경호 대책을 경찰청에 요청할 수 있다.
	2. 참가자관광프로그램 관리하기	1. 회의 주제 및 참가자 특성을 고려하여 공식관광, 산업시찰, 동반자프로그램, 대회 전후 관광프로그램을 계획할 수 있다. 2. 관광프로그램 운영을 위해 공식여행사를 선정하고 관광지, 요금, 교통편, 숙박시설, 관광안내원에 대해 협의, 결정할 수 있다. 3. 사전 등록 기간 중 관광프로그램 참가자를 모집하고, 회의 기간 중 공식여행사가 관광안내데스크를 운영하여 참가자의 문의 및 현장 접수를 받을 수 있다. 4. 관광관련 안내물을 참가자에게 배포하고 관광안내 제작물을 안내데스크에 설치할 수 있다.

주요항목	세부항목	세세항목
	3. 참가자 수송 운영 및 관리하기	1. 참가자 입출국, 행사장 상시 수송, 셔틀버스 운영, 부대 행사 프로그램을 고려한 종합수송계획을 수립할 수 있다. 2. 종합수송계획에 따라 행사별 차량동원계획과 운행코스 및 시간을 검토하여 수송차량을 수배하고 계약할 수 있다. 3. 주최 측, 유관 기관과 협의하여 공항 영접·영송 계획을 수립할 수 있다. 4. 공항 영접·영송 계획에 따라, 공항관리공단으로부터 공항안내데스크 설치, 전용심사대 사용, 의전실 사용, 의전주차장 사용을 허가받을 수 있다. 5. 필요시에는 CIQ 임시출입증을 발급받아 VIP 참가자들의 출입국 수속편의를 제공할 수 있다. 6. 공항-숙소-회의장 간 이동시 셔틀버스를 제공할 수 있다. 7. 수송안내요원 및 주차관리 담당요원을 배치하여 참가자의 승하차 및 차량 운행을 지원할 수 있다.
	4. 회의 전체 식음료 서비스 관리하기	1. 프로그램 편성표에 맞춰 커피 브레이크, 오찬, 만찬과 같은 식음료행사 일정을 수립할 수 있다. 2. 장소별, 회의 별 특성에 맞춰 식음료 제공 방식을 결정할 수 있다. 3. 등록 인원 및 전차대회 식음료행사 참가비율을 고려하여 식음료행사 참가인원을 산정할 수 있다. 4. 회의 특성, 예산에 따라 식음료별 메뉴를 선정할 수 있다. 5. 참가자 특성에 따라 특이식성 메뉴를 선정할 수 있다. 6. 식사 시간 및 장소에 따라 식음료 서비스 스타일을 결정할 수 있다. 7. 식음료 제공 방식에 따라 서비스 업체를 선정할 수 있다.
3. 회의 프로그램 설계	1. 회의 프로그램 구성하기	1. 전차대회 프로그램 구성 사례 및 평가 결과를 분석할 수 있다. 2. 회의 개최목표 및 성인학습방법을 고려하여 총회, 학술회의, 전시회, 사교행사, 관광, 동반자프로그램과 같은 프로그램을 구성할 수 있다. 3. 참가자의 수요특성에 따라 세미나, 포럼, 워크숍, 심포지엄과 같은 프로그램을 유형별로 구성할 수 있다. 4. 회의 예산규모 및 법적 규제와 같이 실현 가능성을 고려하여 프로그램을 결정할 수 있다.
	2. 회의 형태 및 운영방식 결정하기	1. 회의 목표 및 주제에 따라 총회, 분과회의, 이사회, 특별회의와 같은 회의 운영형태를 결정할 수 있다. 2. 세션 연사 및 학술분과위원회와 협의하여 심포지엄, 포럼, 강연, 워크숍, 인터뷰, 토론과 같은 회의 진행방식을 결정할 수 있다. 3. 회의 운영형태 및 방식이 개최시설, 운영규정, 예산, 참가규모와 부합하는지 점검할 수 있다.

주요항목	세부항목	세세항목
	3. 회의 프로그램 일정 작성하기	1. 회의에 포함되어야 하는 프로그램 내용을 파악할 수 있다. 2. 프로그램별 필요한 장소 및 운영 시간을 파악할 수 있다. 3. 프로그램 특성에 따라 테이블 세팅, 시청각 기자재와 같은 회의장 설치요건을 파악할 수 있다. 4. 동시 진행되는 프로그램을 파악하고 동 시간 대 필요한 회의장 수, 강연 수, 소요 기자재 수량을 확인할 수 있다. 5. 전체 회의 개최 일정에 맞춰 프로그램 일정을 작성할 수 있다.
	4. 연사 섭외 및 초청하기	1. 회의 주제에 따라 연사후보군을 파악할 수 있다. 2. 주제와 관련된 전문가 및 스피커스뷰로와 같은 전문기관의 의견을 통해 연사 정보를 수집하고 섭외를 요청할 수 있다. 3. 행사 예산을 고려해 연사 초청비용 및 제공사항을 정할 수 있다. 4. 연사 후보군 연락정보를 파악할 수 있다. 5. 조직위원회와 협의하여 연사를 선정하고 초청 지원 사항을 정할 수 있다. 6. 연사 초청 서한을 작성할 수 있다. 7. 초청 서한을 발송하고 연사와 지속적으로 연락을 취할 수 있다. 8. 강연 후, 참가자를 대상으로 설문지를 통해 연사의 강연 만족도를 평가할 수 있다.
	5. 논문·발표자료 접수 및 관리하기	1. 회의 주제에 따라 논문·발표자료 접수 계획을 수립할 수 있다. 2. 논문·발표자료 요청서(Call for paper)를 제작, 발송할 수 있다. 3. 논문·발표자료 접수 계획에 따라 접수 절차 및 방법을 수립하고 접수를 실시할 수 있다. 4. 조직위원회와 협의하여 논문·발표자료 심사위원단을 구성하고 심사를 지원할 수 있다. 5. 심사 결과에 따라 논문·발표자료 제출자에게 결과를 통보할 수 있다. 6. 논문발표에 필요한 기자재를 발표자에게 확인할 수 있다. 7. 동시 개최되는 세션 일정과 발표자의 발표일정을 고려하여 발표일정과 회의장을 결정할 수 있다. 8. 발표논문 및 요약본을 수록한 논문·발표자료집의 제작 형태를 주최 측과 협의하여 CD, 온라인 프로그램 또는 출판물과 같은 제작형태를 결정하고 제작할 수 있다.
	6. 온라인 학술프로그램 구축하기	1. 논문발표자료 및 접수의 관리를 위해 전차대회의 온라인 학술프로그램을 분석할 수 있다 2. 학술회의의 경우, 발표자의 초록제출, 논문접수, 현장 발표 자료 제출의 기능을 갖춘 온라인 학술프로그램의 내용과 범위를 정의할 수 있다. 3. 논문 접수방식에 따른 온라인 학술프로그램을 설계할 수 있다. 4. 온라인 학술프로그램 제작업체를 섭외할 수 있다. 5. 회의 프로그램 운영방식에 따라 온라인 학술프로그램을 제작할 수 있다.

주요항목	세부항목	세세항목
	7. 온라인 학술프로그램 운영 및 유지보수하기	1. 온라인 학술프로그램을 테스트하고 운영상 문제가 없는지 모니터링 할 수 있다. 2. 이용자가 온라인 학술프로그램을 잘 활용할 수 있도록 매뉴얼을 작성할 수 있다. 3. 이용자로부터의 각종 질문들과 예외사항에 대해 응대를 할 수 있다. 4. 온라인 학술프로그램을 사용하는 이용자로부터 문제점이 제기되면, 협력업체에 문의하여 해결할 수 있다. 5. 온라인 학술프로그램을 통해서 구축된 데이터베이스를 다운받아, 등록 현황을 파악할 수 있다. 6. 온라인 학술프로그램을 통한 개인정보의 유출, 해킹피해를 예방할 수 있도록 준비할 수 있다.
4. 회의 홍보 및 마케팅	1. 회의 홍보 전략 수립하기	1. 회의 개최 목표 및 주제에 따라 회의 인지도 상승, 회의 개최에 대한 긍정적 여론 형성과 같은 홍보 목표를 수립할 수 있다. 2. 회의 홍보목표에 따라 참가자, 일반대중과 같은 목표 대상을 결정할 수 있다. 3. 목표 대상별로 특징을 파악하고 홍보활동의 종류와 노출빈도를 결정할 수 있다. 4. 홍보대상별로 필요로 하는 정보를 파악할 수 있다. 5. 홍보 대상에게 전달해야 할 명확하고 신뢰성 있는 메시지를 도출할 수 있다. 6. 회의 홍보목표에 따라 회의 단계별 세부 전략을 수립할 수 있다.
	2. 회의 홍보매체 활용 계획 수립하기	1. 홍보 전략에 따라 TV, 신문, 라디오, 잡지와 같은 홍보매체별 활용 방안을 수립할 수 있다. 2. 홍보매체 활용 방안 및 홍보 예산에 따라 홍보 매체별 장·단점을 고려하고 전체 회의 일정 및 단계에 맞추어 활용 계획을 수립할 수 있다. 3. 홍보매체활용 계획에 따라 인터넷 검색, 직접문의 또는 지인의 소개를 통해 홍보 매체별 담당자 및 연락처를 파악할 수 있다. 4. 홍보매체와의 직접적인 접촉이 어렵거나, 중장기적인 언론 접촉을 원하는 경우 언론대행사를 선정하여 홍보업무를 위임할 수 있다. 5. 보도자료, 사진, 동영상과 같은 홍보매체 요구에 따라 홍보 자료를 작성할 수 있다. 6. 홍보매체로부터 문의 또는 보완 자료 요청에 대한 적절한 대응 계획을 수립할 수 있다. 7. 홍보매체별 활용 전략에 따라, 홍보성과를 측정 계획을 수립할 수 있다.

주요항목	세부항목	세세항목
	3. 언론사 초청 및 기자 회견 운영하기	1. 홍보 목표에 따라 언론사 초청 계획을 수립할 수 있다. 2. 뉴스 검색을 통해 언론사에서 관심을 가질 만한 이슈를 파악할 수 있다. 3. 보도자료 작성요령에 따라 보도자료를 작성 및 배포할 수 있다. 4. 행사일정을 고려하여 적정한 기자회견 날짜 및 장소를 결정하고 필요하다면, 통역사를 확보해 둘 수 있다. 5. 언론에서 관심을 가지고 취재할 만한 저명인사 혹은 뉴스 가치를 가진 참가자를 선별할 수 있다. 6. 회의 개최 전 혹은 개최 중에 언론사 기자를 초청하여 주요 인물 혹은 행사 내용을 취재하도록 할 수 있다. 7. 초청 기자 명단에 따라 초청장을 제작하고 RSVP를 진행할 수 있다. 8. 언론사별 기사 내용을 사후 점검할 수 있다.
	4. 개최지 및 관련 산업 관계자 대상 홍보하기	1. 주최 측과 협의하여 개최지 지자체, 지역사회 및 주민, 산업관계자와의 협력 관계를 구축할 수 있다. 2. 뉴스검색이나 지역 전문가를 통해 회의 개최에 영향을 미칠 수 있는 지역 문제 및 관련 산업 동향에 대해 파악할 수 있다. 3. 홍보 계획에 따라 개최지 지역 주민 및 산업 관계자들의 관심을 유도할 수 있도록 주최자와 지역사회, 관련 산업 간 상호교류 프로그램을 계획할 수 있다. 4. 홍보 계획에 따라 프로모션, 광고캠페인, 언론노출을 통해 회의 개최에 대한 개최지 및 관련 산업의 긍정적 이미지를 창출할 수 있다. 5. 회의 개최에 영향을 미칠 수 있는 뉴스 및 개최지, 관련 산업 주변 환경에 대해 상시 점검할 수 있다. 6. 홍보 계획에 따라 지역홍보 활동 효과에 대해 평가할 수 있다.
	5. 회의 참가자 마케팅 계획 수립하기	1. 회의 개최목표에 따라 마케팅 목표를 수립할 수 있다. 2. 마케팅 목표에 따라 참가자 목표시장을 정의할 수 있다. 3. 참가자 목표시장 프로필 분석을 통해 특성을 파악하고 포지셔닝 전략을 수립할 수 있다. 4. 포지셔닝 전략에 따라 목표시장 별 마케팅 메시지를 도출할 수 있다. 5. 주최기관의 마케팅 전략에 부합되는 참가자 마케팅 전략을 수립할 수 있다. 6. 참가자 마케팅 전략에 따라 마케팅 수단, 활동계획 및 일정을 결정할 수 있다. 7. 마케팅 목표에 근거하여 참가자 마케팅 전략을 평가할 수 있는 평가 방법 및 성과 지표를 도출할 수 있다.

주요항목	세부항목	세세항목
	6. 참가자 프로모션 운영하기	1. 마케팅활동계획에 따라 참가자 프로모션 계획을 수립할 수 있다. 2. 프로모션 계획에 따라 전차대회 참가, IT기술을 활용한 온라인 마케팅, 텔레마케팅과 같은 프로모션 수단 및 활동내용을 결정할 수 있다. 3. 각 프로모션 활동에 따라 소요되는 물자 및 예산을 파악할 수 있다. 4. 해외 참가자 프로모션을 위해 해외 대회 참가의 경우 판촉물 해외 수송을 위한 수출입 절차 및 방법을 파악할 수 있다. 5. 해외참가자 프로모션을 위해 유관기관으로부터 지원금 또는 지원물품 신청가능 유무 및 절차를 확인할 수 있다. 6. 각 프로모션 활동이 상호 유기적으로 연계되어 시너지 효과를 거둘 수 있도록 활동 내용 및 일정을 점검할 수 있다. 7. 회의 개최목표에 따라 프로모션 활동을 평가할 수 있는 평가항목 또는 성과지표를 구축할 수 있다.
5. 위기 관리	1. 위기관리 계획 수립하기	1. 회의 개최지별, 행사 유형별, 개별안전, 환경, 재정 등 행사 특성에 따른 다양한 영역에서 위기 요소를 측정, 파악할 수 있다. 2. 위기관리의 단계별로 안전대책 계획을 수립할 수 있다.
6. 전시회 참가기업유치 관리	1. 전시회 고객유치 실행계획 수립하기	1. 전시회 기본 계획에 따라 달성해야 할 유치목표와 전략을 설정할 수 있다. 2. 국내 · 외 사례를 통해 한정된 시간과 예산 내에서 유치대상과 유치방법을 구체적으로 고안할 수 있다. 3. 인터넷 검색을 통해 유치 대상별 중점 유치대상을 찾아낼 수 있다. 4. 유치 대상별 직접마케팅 능력을 활용하여 이메일·우편·팩스 발송, 텔레마케팅, 방문 마케팅의 효과적인 접근방법을 파악할 수 있다. 5. 유치과정에서 협력을 얻어낼 수 있는 유관기관, 단체, 파트너를 찾아낼 수 있다.
	2. 전시회 고객유치대상 데이터베이스 구축 및 관리하기	1. 전시회 고객을 기존고객, 과거고객, 잠재고객으로 구분하고 각각의 데이터베이스를 구축할 수 있다. 2. 각 고객군별 특성에 따라 유치방안을 수립할 수 있다. 3. 개인정보보호법과 관련하여, 데이터베이스 활용에 마케팅 활용 동의를 구할 수 있다. 4. 고객정보의 변동사항을 파악하고 업데이트 할 수 있다. 5. 고객정보가 유출되지 않도록 지속적으로 관리할 수 있다.

주요항목	세부항목	세세항목
	3. 전시회 고객유치 세일즈킷 제작하기	1. 참관객, 참가기업, 바이어와 같이 유치 대상별로 필요한 정보를 분별하여 세일즈킷에 포함될 내용을 정의할 수 있다. 2. 전달할 정보의 중요도에 따라 순서와 배치를 결정할 수 있다. 3. 세일즈킷과 함께 첨부할 부가홍보물인 팸플릿, 브로슈어, 카탈로그, 발표 자료를 선별할 수 있다. 4. 유치대상별 소요수량과 부수를 결정할 수 있다. 5. 세일즈킷 제작 업체를 선정하고 제작을 의뢰할 수 있다. 6. 제작 의뢰 내용에 따라 제작물 수량 및 상태를 검수할 수 있다.
	4. 전시회 고객유치 직접마케팅 실행하기	1. 마케팅 활용수집목적에 동의한 데이터베이스를 대상으로 이메일, 우편, 팩스 발송, 텔레마케팅을 통해 직접마케팅을 실시할 수 있다. 2. 유치 대상의 중요도에 따라 마케팅 방법을 차별적으로 적용할 수 있다. 3. 텔레마케터들에게 전시회에 대한 정확한 정보를 전달하고 사전에 충분히 교육시킬 수 있다. 4. 참가기업 및 참가자 유치를 위해 세일즈킷을 간략하게 가공하여 브로셔와 함께 이메일, 우편, 팩스로 발송할 수 있다. 5. 텔레마케팅을 통하여 해당 기업의 세일즈 대상 담당자의 정보를 입수하고 행사 안내 자료를 지속적으로 전달할 수 있다. 6. 지속적 의사소통을 통해 전시회 참가 등록 및 계약 등 후속조치를 유도할 수 있다. 7. 고객 정보를 잘 유지 관리하고 이를 마케팅에 활용할 수 있다.
	5. 전시회 주요고객 방문마케팅 실시하기	1. 선정된 대상고객 별로 담당자와의 연락을 통해 출장계획을 수립할 수 있다. 2. 대상과 목표에 따라 세일즈킷, 기타 필요한 물품을 준비할 수 있다. 3. 출장지 현지의 세일즈콜 지원기관의 협조를 확보할 수 있다. 4. 전시회에 대한 설명을 철저히 준비하고, 고객의 예상 질문을 파악하여 원활한 상담을 진행할 수 있다. 5. 잠재고객과의 미팅 후 결과를 정리하고 신속하게 후속조치를 취할 수 있다.
	6. 전시회 고객 참가확정하기	1. 주최자 내부규정에 따라 참가고객과의 등록 및 계약조항을 결정할 수 있다. 2. 계약규정을 포함한 등록양식 및 계약서양식을 준비할 수 있다. 3. 주최자와 고객 간에 계약을 체결하고 증빙자료를 남길 수 있다. 4. 계약일정에 따라 참가비, 부스 및 스폰서 비를 선금, 잔금시기에 맞춰 수납관리 할 수 있다.

주요항목	세부항목	세세항목
	7. 전시 참가기업 매뉴얼 작성·배포하기	1. 참가기업매뉴얼에 포함될 항목을 결정할 수 있다. 2. 부대시설·서비스 신청서 제출일정을 작성할 수 있다. 3. 현장설치 이전까지의 실행일정표를 작성할 수 있다. 4. 현장설치를 위한 전시참가기업물품반입시간을 독립부스, 기본부스별로 나눠 일정표를 작성할 수 있다. 5. 일반차량과 화물차량의 전시장 접근경로를 작성할 수 있다. 6. 전시참가기업이 이용 가능한 전시장 시설 및 서비스를 정리하여 작성할 수 있다. 7. 참가기업부스 담당자 메일로 매뉴얼을 전달하고, 홈페이지 게시판에 업데이트 할 수 있다.
	8. 전시 참가기업 설명회 운영하기	1. 전시회 개최시기에 따라서 설명회 개최 일정 및 내용을 계획할 수 있다. 2. 참가기업설명회 개최일정을 확정된 참가기업에게 배포할 수 있다. 3. 개최계획에 따라서 설명회 자료를 준비하여 프레젠테이션 할 수 있다. 4. 참가기업의 요구사항을 수렴하여 운영에 반영할 수 있다.
7. 전시회 현장 운영 계획 및 관리	1. 전시 운영 인력 관리 계획 수립하기	1. 전시회 운영에 따른 각 업무분야 별 소요인력을 예상할 수 있다. 2. 구체적 업무의 적합성을 고려하여 필요인력 선발 평가 기준표를 작성할 수 있다. 3. 필요인원에 대한 업무별, 날짜별 내역을 산출할 수 있다. 4. 필요인원 확보 방안을 계획할 수 있다. 5. 업무에 따라 인건비를 책정할 수 있다.
	2. 전시회 운영요원 선발하기	1. 운영계획에 따라 운영요원 모집공고, 지원서를 작성할 수 있다. 2. 모집공고 및 관련 자료를 배포할 각종 사이트와 인력기관을 파악할 수 있다. 3. 운영인력 서류를 접수하여 평가기준에 맞춰 적합인력을 선별할 수 있다. 4. 인력의 선발일정에 맞춰 면접을 실행하고 인력선발을 확정할 수 있다. 5. 선발된 인력에게 교육, 행사 일징과 같은 차후 신행 프로세스에 대해 안내할 수 있다. 6. 선발된 인력의 신상정보를 수집하고, 인건비 지급에 대한 안내를 다시 한 번 제공할 수 있다. 7. 각 파트별로 필요 운영인력을 배치하고, 담당자에게 인력 프로필을 인계할 수 있다.

주요항목	세부항목	세세항목
	3. 전시회 현장 운영요원 교육 및 관리하기	1. 인력운영계획에 따라 현장 운영요원의 교육계획을 수립할 수 있다. 2. 인력교육계획에 따라 교육 매뉴얼을 작성할 수 있다. 3. 선발된 인력의 경험과 능력을 고려하여 업무를 배정할 수 있다. 4. 배정된 업무에 따라 각 파트별 교육을 진행할 수 있다. 5. 현장에 배치된 인력에 따라 리허설을 진행하고 업무 상태를 점검할 수 있다. 6. 현장인력의 담당업무 및 출퇴근 상황을 기록하고 공유할 수 있다. 7. 인력운영계획에 따라 배치된 인력에 결원이 발생했을 경우에 대체 인력을 지원할 수 있다.
	4. 전시 전문인력 섭외·관리하기	1. 전시회의 특성에 따라 전문 인력의 수준과 규모를 파악할 수 있다. 2. 필요시 전문인력 에이전트를 활용할 수 있다. 3.. 필요 분야에 따라 전문 인력의 업무범위와 요구되는 능력을 전달할 수 있다. 4. 전문 인력의 성과측정방식을 조율하고 그에 상응하는 인건비에 대해 협상하여 계약할 수 있다. 5. 서로 논의된 성과측정방식을 기준으로 업무성과를 수시로 확인 할 수 있다.
	5. 전시회 참가등록 서비스 운영하기	1. 등록신청서양식을 사전에 온·오프라인으로 배포하고, 출력하여 현장등록데스크에 배치할 수 있다. 2. 등록신청서 양식을 고려하여 사전 온라인 등록시스템을 설계를 홈페이지 업체에 의뢰할 수 있다. 3. 유료행사의 경우 결제프로그램을 온라인으로 연동하기 위해 수수료 및 프로그램 안전성을 비교하여 온라인 결제대행사를 선정할 수 있다. 4. 유료행사의 경우 사전등록 촉진을 위해 판매경로를 다양화 할 수 있다. 5. 등록예상숫자에 대한 견적 및 솔루션을 비교하여 현장등록대행업체를 선정할 수 있다. 6. 주최 및 주관기관 관련인사, VIP, 일반참관객, 부스참가자, 스테프, 협력업체의 사전등록데이터베이스를 취합하여 대행업체에 전달 할 수 있다. 7. 참가유형을 고려하여 ID카드를 발주할 수 있다. 8. 예상참가자 규모에 따라서 등록데스크 위치 및 크기를 결정하고 대행업체에 전달할 수 있다. 9. 현장결제에 대응하기 위해 티켓박스를 운영할 수 있다. 10. 등록현장에서 운영요원에 서비스 교육을 진행하고 돌발 상황에 따른 적절한 대처방안을 수립할 수 있다. 11. 대행업체에 요청하여 실시간으로 등록현황 및 통계를 파악할 수 있다.

주요항목	세부항목	세세항목
	6. 전시회 현장 주최자 사무실 운영하기	1. 전시장과 협의 및 답사를 통해 주최자 사무실 위치를 결정할 수 있다. 2. 사무실 필요집기 및 운영인력을 적절히 배치할 수 있다. 3. 주최기관과의 회의를 소집하여 운영할 수 있다. 4. 협력업체와의 현장운영계획에 대한 회의를 소집하여 운영할 수 있다.
	7. 전시 참가기업 서비스센터 운영하기	1. 참가기업의 동선을 고려하여 편리한 지점에 서비스센터 위치 및 개수를 선정할 수 있다. 2. 서비스 품목에 따라서 인력 및 협력업체를 배정할 수 있다. 3. 참가기업에 서비스를 제공하기 위한 인력교육을 실시 할 수 있다. 4. 현장에서 참가기업의 불만 및 요구사항을 수렴하고 사무국에 전달 할 수 있다.
	8. 전시장 현장 관리하기	1. 전시장의 청결상태를 수시로 점검하여 전시장 측에 정리를 요청할 수 있다. 2. 전시장 내 참가기업의 지나친 홍보활동 및 소음발생요인을 규제할 수 있다. 3. 전시장 시설물의 안전 상태를 확인하고 필요 시 시공자에 직접 개선을 요청할 수 있다. 4. 세미나 및 부대행사에 대한 안내방송을 지속적으로 실시할 수 있다. 5. 전시장의 분위기를 저해할 수 있는 관람객 혹은 참가기업의 활동을 규제할 수 있다.
8. 전시회 공식·부대행사 기획·운영	1. 전시 부대시설·서비스 신청 관리하기	1. 부대시설 · 서비스의 가격, 안내필요사항을 결정하여 항목별로 신청서를 작성할 수 있다. 2. 전시장 부대시설 · 서비스 신청서 작성 리스트를 필수 / 선택 항목으로 나눠 선정할 수 있다. 3. 발주 및 현장설치일정에 맞춰 신청서 별 취합일정을 정할 수 있다. 4. 참가기업전용 온라인 오더 시스템 구축업체를 선정할 수 있다. 5. 온라인시스템 상에서 주문이 가능한 부대시설 및 서비스 항목을 결정할 수 있다. 6. 참가기업에 온라인 주문을 위한 ID / PW를 배포할 수 있다. 7. 온라인 시스템 안정성 확보를 위해 서버관리를 지속적으로 할 수 있다. 8. 주문내역을 엑셀파일로 다운받아 협력업체에 발주할 수 있다. 9. 온라인 오더 시스템 구축이 용이하지 않을 경우 신청서를 작성하여 책자로 배포할 수 있다. 10. 참가기업가 적절히 부대시설 및 서비스를 신청 했는지 확인하여 조정 및 안내 할 수 있다. 11. 취합된 내역을 전시장, 현장부대서비스 운영팀 등에 일정에 맞춰 전달할 수 있다. 12. 참가기업의 추가발생 비용을 수납관리 할 수 있다.

주요항목	세부항목	세세항목
	2. 전시회 공식·부대행사 계획하기	1. 전시회 기본 계획에 따라 공식·부대행사 목적과 주제를 설정할 수 있다. 2. 전시회의 장소, 시간, 참가자 특성에 따라 공식·부대행사의 유형을 선정할 수 있다. 3. 전시회의 참가자 특성을 고려하여 부대행사의 유형을 결정할 수 있다. 4. 공식 · 부대행사 목적과 주제에 따라 콘텐츠를 결정할 수 있다. 5. 공식 · 부대행사 콘텐츠에 따라 운영시간을 결정할 수 있다. 6. 전체 행사 일정을 고려하여 공식 · 부대행사 프로그램을 시간대 별로 배치할 수 있다.
	3. 전시회 개막식 기획·실행하기	1. 공식 · 부대행사계획에 따라 개막식 계획을 수립하고 식순을 결정할 수 있다. 2. 주최 측과 협의하여 개막식 개최일정과 초청대상자를 결정할 수 있다. 3. 전화 또는 이메일을 통해 초청대상자로부터 RSVP를 받을 수 있다. 4. 의전계획을 수립하여 VIP의 차량을 주차 등록할 수 있다. 5. VIP 대기실을 운영할 수 있다. 6. 의전인력을 선발하여 교육 관리할 수 있다. 7. 개막식 및 식전공연을 기획할 수 있다. 8. 전시장 순시 동선을 계획할 수 있다. 9. VIP에 오찬을 제공하고 기념품을 배포할 수 있다. 10. 기자 및 촬영팀을 섭외하고 현장 관리할 수 있다.
	4. 전시 공식·부대행사 출연진 관리하기	1. 공식 · 부대행사계획에 따라 사회자 또는 좌장의 필요 유 · 무를 파악하고 적절한 사회자를 제안할 수 있다. 2. 공연팀의 필요 유 · 무를 파악하고 적절한 공연을 제안할 수 있다. 3. 연사, 패널, 강사, 상담자의 기타출연진의 필요 유·무를 파악하고 적절한 출연자를 제안할 수 있다. 4. 출연진의 스케줄을 미리 확보할 수 있다. 5. 출연진의 출연료가 행사 예산에 적합한지 확인할 수 있고, 출연료를 협의할 수 있다. 6. 필요할 경우 출연진과 계약을 체결할 수 있다.
	5. 전시회 식음료 운영·관리하기	1. 행사 특성 및 대상에 따라 F and B 메뉴 및 서비스 방식을 결정할 수 있다. 2. 참석인원에 따른 F and B의 발주량을 예상할 수 있다. 3. 참가 인원수의 유동성에 대비하여 F and B 서비스 업체와 미니멈 개런티, 현장 추가발주 예상 수량을 상의하여 사전에 발주량을 조정할 수 있다. 4. 채식, 무슬림, 알레르기 여부와 같은 참가자 식성을 고려하여 특별음식을 준비할 수 있다. 5. 식음료 업체와 사전 협의에 따라 F and B 세팅 및 현장운영사항을 관리할 수 있다.

주요항목	세부항목	세세항목
	6. 전시 공식·부대행사 참가안내 이메일 (EDM) 발송하기	1. 행사 준비 일정을 고려한 발송 횟수를 결정할 수 있다. 2. 사전등록안내, 프로그램 정보제공과 같이 제공할 정보의 분류에 따른 발송 횟수를 결정할 수 있다. 3. 발송 대상 데이터베이스를 취합하고 분류할 수 있다. 4. 발송 대상에 따른 안내 내용을 정리할 수 있다. 5. 안내 내용의 표현방식을 결정하고 그에 따라 안내 시안을 작성할 수 있다. 6. 발송 인원에 따라 적합한 발송 방식을 선택할 수 있다. 7. 이메일 회신처를 결정하고 담당자를 지정할 수 있다. 8. 개인정보보호법을 준수하여 메일을 발송할 수 있다.
	7. 전시 공식·부대행사 현장 운영하기	1. 현장 운영 시 필요한 물품 / 기자재의 체크리스트를 만들고 확인할 수 있다. 2. 각 프로그램의 운영시간을 조정하여 계획된 일정대로 운영할 수 있다. 3. 물품 / 기자재의 여유분을 사전에 준비하여 필요시 대처할 수 있다. 4. 행사 시작 전 현장의 참가자들에게 충분히 안내할 수 있다. 5. 발표자료 수정, 추가와 같은 현장에서의 요구사항에 대처할 수 있다. 6. 부대행사 성격에 부합하는 현장 조성을 할 수 있다. 7. 적정한 운영요원 배치를 통하여 현장 관리 및 참가자들의 요청사항에 대처할 수 있다.
9. 이벤트 영상 제작 기획· 관리	1. 이벤트 영상 수요 특성 파악하기	1. 행사 실행계획 및 행사 연출 방향에 따라 행사에 필요한 영상의 수와 종류 및 분량을 파악할 수 있다. 2. 영상의 수와 종류에 따라 영상 상영 목적 및 위치, 시간, 매체와 같은 조건을 파악할 수 있다. 3. 실행예산에 따라 영상별 제작 예산을 확인할 수 있다. 4. 제작 예산 및 영상별 특성에 따라 제작자를 선정할 수 있다. 5. 제작자 선정에 따라 영상 종류별 제작 기간을 확인할 수 있다.
	2. 이벤트 시놉시스 구성하기	1. 영상 수요 특성에 따라 주최자와 협의하여 영상별 핵심 내용을 정리할 수 있다. 2. 영상 수요 특성 및 영상별 정리된 내용을 제작자와 공유할 수 있다. 3. 제작회의를 통해 방향 및 콘셉트를 설정할 수 있다. 4. 성우 내레이션과 자막 처리 여부를 결정할 수 있다. 5. 콘셉트에 따라 제작자에게 시놉시스와 스토리보드 작성을 의뢰할 수 있다. 6. 작성된 시놉시스와 스토리보드에 따라 제작회의를 통해 주최자에 보고하여 확인받을 수 있다.

주요항목	세부항목	세세항목
	3. 이벤트 영상 제작 관리하기	1. 확정된 시놉시스 및 스토리보드에 따라 제작을 의뢰할 수 있다. 2. 영상 제작을 위해 필요한 영상 자료들은 주최자에게 요청할 수 있다. 3. 성우 후보자를 선별하여 주최자에 보고 후 확정할 수 있다. 4. 제작 일정을 확정할 수 있다. 5. 성우 녹음 전 제작 영상을 확인하여 수정사항을 요청할 수 있다. 6. 수정이 완료됨에 따라 성우 녹음 진행 후 완성된 영상을 확인할 수 있다. 7. 제작의 위기상황을 파악하고 조정할 수 있다.
	4. 이벤트 영상물 시사하기	1. 주최자와 협의하여 시사 참여자의 범위 및 일정을 확정할 수 있다. 2. 시사 장소의 환경을 파악하여 영상 장비를 준비할 수 있다. 3. 영상의 개요를 설명하고 시사를 진행할 수 있다. 4. 시사 후 참석자 의견을 취합할 수 있다. 5. 취합된 의견에 따라 예산, 일정, 자원을 고려하여 수정범위와 내용을 확정할 수 있다.
	5. 이벤트 영상물 수정·보완하기	1. 확정된 내용에 따라 수정 사항을 제작자와 공유 및 협의할 수 있다. 2. 수정 내용을 적용하기 위해 필요한 지원 사항을 확인하고 제공할 수 있다. 3. 수정 및 보완 작업 시 일정에 따른 진척여부를 점검할 수 있다.
	6. 이벤트 영상물 검수 및 납품하기	1. 영상이 완료됨에 따라 수정사항 확인 및 품질을 검수할 수 있다. 2. 검수한 영상을 납품하여 영상별 일정에 맞게 상영할 수 있다.
10. 이벤트 현장 연출	1. 이벤트 연출안 구성하기	1. 기본 계획서에 따라 행사 목적 및 개요, 행사방향, 세부내용 등을 파악할 수 있다. 2. 주최자와 회의를 통해 요구사항, 참석 VIP 를 파악할 수 있다. 3. 파악된 행사의 성격에 따라 연출 스태프를 조직할 수 있다. 4. 조직된 스태프들과 함께 행사의 성격을 표현하기 위한 아이디어 회의를 시행할 수 있다. 5. 회의에서 확정된 내용에 따라 연출안을 구성하고 구체적인 현장연출 계획을 수립할 수 있다.

주요항목	세부항목	세세항목
	2. 이벤트 무대 및 시스템 계획하기	1. 수립된 연출 계획 및 프로그램 내용에 따라 필요한 무대와 시스템을 파악할 수 있다. 2. 무대와 시스템 파악에 따라 협력사를 결정할 수 있다. 3. 결정된 협력사에 따라 행사장 실측을 통해 필요한 시스템 및 무대제작 형태를 결정할 수 있다. 4. 무대제작자에게 디자인 및 도면을 요청할 수 있다. 5. 완성된 무대 디자인 및 시스템에 따라 보고 및 확정할 수 있다. 6. 확정된 디자인 및 시행도면에 따라, 정확한 설치 및 시공 계획을 수립할 수 있다. 7. 최신 스마트 기기를 사용할 수 있다.
	3. 이벤트 연출안 보고·작성하기	1. 확정된 연출계획에 따라, 구체적인 연출 계획을 기술한 큐시트를 작성 할 수 있다. 2. 큐시트를 바탕으로 시나리오를 작성 할 수 있다. 3. 작성된 큐시트와 시나리오를 바탕으로 연출계획안을 작성할 수 있다. 4. 작성된 연출계획안에 따라 연출계획을 보고, 확정할 수 있다.
	4. 이벤트 행사장 조성하기	1. 설치 및 시공계획에 따라 행사장 관계자와 세팅 일정을 협의할 수 있다. 2. 행사장 세팅 일정에 따라 무대 및 시스템 협력사와 공유하고 세부적인 세팅 계획을 확정할 수 있다. 3. 세부적인 세팅 계획에 따라 물품반입신고서를 작성하여 행사장 관계자에게 제출 및 허가 받을 수 있다. 4. 무대도면 및 설치물에 따라 VIP, 출연진, 참가자 동선관리계획을 수립할 수 있다. 5. 무대도면 및 설치물에 따라 좌석, 테이블, 콘솔 등 공간배치 계획을 세울 수 있다. 6. 동선, 공간배치, 무대, 시스템 설치 계획에 따라 최종적인 행사장 도면을 확정할 수 있다. 7. 최종적인 행사장 도면에 따라 조형물, 무대, 유도사인물 등 행사장을 조성을 완성할 수 있다.
	5. 이벤트 리허설 진행하기	1. 연출계획안에 따라 리허설 계획을 수립할 수 있다. 2. 시스템, 연출스태프, 출연진을 구분하여 리허설 일정을 작성할 수 있다. 3. 리허설 일정에 따라 영상 및 발표자료 등 각종 소프트웨어 솔루션을 점검할 수 있다. 4. 솔루션 점검 완료 및 리허설 일정에 따라 리허설을 진행 할 수 있다. 5. 리허설 내용에 따라, 노출되는 문제점을 파악해서 보완함으로써 최종 연출 계획을 조정 할 수 있다.

주요항목	세부항목	세세항목
	6. 이벤트 실행하기	1. 리허설 완료 후 대기하여, 참가자 행사장 착석 상황 및 VIP 도착을 확인 할 수 있다. 2. VIP 행사장 착석 확인 후 최종 연출 계획에 따라 프로그램을 운영할 수 있다. 3. 현장 연출자는 돌발 상황 및 위험요소를 관리할 수 있다.
	7. 이벤트 행사장 철수하기	1. 연출계획안에 따라 행사장 철수계획을 수립할 수 있다. 2. 수립된 철수계획에 따라 행사장을 철수하는 것을 관리할 수 있다. 3. 폐기물 처리규정에 따라 대관 청소 담당자에게 폐기물 처리를 의뢰하고 관리·감독할 수 있다.
11. 회의 현장 조성	1. 회의장 조성하기	1. 회의장 및 부대사무실별 필요 공간 크기를 파악할 수 있다. 2. 동선별, 크기별 특성을 고려한 회의장 조성 계획을 수립할 수 있다. 3. 회의장 조성계획에 따라 회의장 및 부대사무실을 배치할 수 있다. 4. 장애인의 이동 및 인식 편리성을 고려한 배치를 할 수 있다. 5. 배치 계획 수립 후 시스템 기술자, 장치장식물 조성업체와 함께 현장방문을 통해 계획을 조정 및 확정할 수 있다. 6. 계획 확정 후 테이블 및 의자, 시스템의 배치도면을 작성할 수 있다. 7. 배치도면 작성 후 행사장 담당자, 시스템 기술자, 장치장식물 조성업체와 함께 조정 및 확정할 수 있다. 8. 개최 일정에 맞춰 세팅 및 철거 일정을 조정할 수 있다.
	2. A / V장비 설치 및 운영하기	1. 시간대별 또는 장소별에 따라 장비 설치 순서를 결정할 수 있다. 2. 리허설을 통하여 배치 변경, 추가 배치 및 작동 불량 기자재들이 없는지 확인할 수 있다. 3. 실제 사용한 장비 모델이나 수량 또는 기술자 인원을 파악할 수 있다. 4. 철수시간을 확인하고, 장비나 대관장소의 파손여부를 확인할 수 있다.
	3. 부대사무실 운영하기	1. 회의현장에 필요한 부대 사무실을 확인할 수 있다. 2. 사무국, 연사대기실, VIP 룸 등의 부대사무실을 배치할 수 있다 3. 사무국에 필요한 집기(컴퓨터, 복사기, 프린터 등)를 설치할 수 있다. 4. 부대사무실 이용자를 위한 각종 편의품을 구입할 수 있다. 5. 부대사무실에 인터넷, 전화 등의 통신 장비를 신청할 수 있다. 6. Preview Room에 필요한 집기를 설치할 수 있다.

주요항목	세부항목	세세항목
	4. 프레스룸 운영하기	1. 홍보 계획에 따라 프레스룸을 설치하고 운영할 수 있다. 2. 주최국의 언론사, 주최국에 상주하는 외국 언론사 기자, 초청받은 국가에서 온 기자 대표단을 대상으로 초청장을 발송할 수 있다. 3. 기자들이 회의 기간 동안 무료로 사용할 수 있는 사무 및 통신기기를 갖추어 프레스룸을 운영할 수 있다. 4. 기자단에게는 행사기간 동안 행사장을 자유로이 출입할 수 있는 인식표를 제공할 수 있다. 5. 개·폐회식, 총회에서는 기자단을 위한 예약석을 준비해 둘 수 있다. 6. 행사 홍보 담당자 및 운영인력을 프레스룸에 배치하고 보도자료 및 인터뷰 정리 내용을 기자들에게 수시로 제공할 수 있다.

4) 실기 문제 출제경향 분석

2020년		출제유형	개최지역
1차	1회	초청 / 개 · 폐회식(식순, 식음료 포함) / 의전 및 영접	서울
	2회	회의 / 사교행사 / 부대전시	인천
	3회	회의 / 개·폐회식 / 부대전시	제주
2차	1회 / 2회	등록 / 회의(전체회의, 포스터세션, 분과회의 포함) / 사교행사(환송만찬)	대전 / 인천
3차	1회 / 2회 / 3회	관광 / 숙박 / 사교행사(갈라디너)	대구 / 경주 / 서울
2021년		**출제유형**	**개최지역**
1차	OECD 국제00협력회의 (정부회의)	초청 / 개· 폐막식(식순, 음식, 공연 포함) / 의전(VIP 영접 / 영송, 이동 포함)	서울(롯데호텔)
2차	000 글로벌컨벤션 (기업회의)	관광 / 숙박 / 사교행사(갈라디너)	서울(COEX)
3차	세계식품학술협회 (협회회의)	등록 / 회의 / 사교행사(환송만찬)	제주(ICC JEJU)
2022년		**출제유형**	**개최지역**
1차	00 글로벌컨벤션 (기업회의)	관광 / 숙박 / 사교행사(갈라디너)	수원컨벤션센터
2차	00 글로벌컨벤션 (기업회의)	관광 / 숙박 / 사교행사(갈라디너)	경주HICO

최근 3년 동안 출제된 문제들을 분석해보면 큰 카테고리로는 등록, 회의, 사교행사, 숙박, 관광, 부대전시, 의전 및 영접 그리고 개, 폐회식으로 컨벤션기획서에 들어가는 거의 모든 항목이 출제되고 있음을 알 수 있다. 몇 년 전까지만 해도 회의 / 관광 / 폐회식, 개회식 / 등록 / 숙박 이런 식으로 특정항목 중심으로 출제되었는데, 새롭게 개정되는 NCS 기준으로 시험이 바뀌면서 거의 모든 항목으로 바뀌고 있고 전시회나 사교행사가 좀 더 디테일하게 출제되고 있음을 알 수 있다.

개최되는 장소에 있어서도 서울, 인천, 제주, 대전, 경주, 수원 등 전국의 컨벤션센터가 있는 곳은 한번 정도 출제가 되고 있음을 알 수 있다.이런 상황으로 비추어

볼 때 컨벤션기획사가 되고자하는 사람들은 기획서 항목의 모든 분야를 기획할 줄 알아야 한다는 점이 두드러지고 있다. 또한 개최되는 회의 유형을 분석해 보면 정부회의, 기업회의, 그리고 협회회의가 골고루 출제되고 있기 때문에 세 가지 유형의 특성을 반영한 적합한 내용으로 기획서를 작성해야 한다는 점에 유의할 필요가 있다.

다음 Chapter에서는 컨벤션기획서에 반드시 포함되어야 하는 내용을 중심으로 기획서 구성을 살펴보도록 한다.

NCS-Based

CONVENTION PLANNING

제2장 **컨벤션기획서 작성**

CONVENTION PLANNING

기획서를 작성하는데 있어서 가장 먼저 고려해야 할 사항은 이 기획서를 읽는 독자Client가 누구인가 하는 점을 파악해 두어야 한다. 특히 컨벤션기획서는 컨벤션을 유치한 주최기관이 주 독자Client가 될 것이기 때문에 이 행사를 기획하고 운영하고자 하는 컨벤션기획사의 입장에서 주최자가 원하는 것이 무엇인지를 파악하고 성공적으로 행사를 마무리하기까지 기획자의 플랜을 이해하기 쉽고 설득력 있게 작성해야 한다.

기획서는 기획된 행사의 개최의도 및 배경을 이해하고 구체적으로 어떻게 행사가 구성되고 운영될지에 관한 내용을 포함하고 있는 것으로 어느 누구가 읽더라도 충분히 이해할 수 있어야 하는 기록이라는 점을 염두에 두고 작성하는 것이 필요하다.

이러한 기획서를 작성하는데 있어서 일반적으로 5단계의 절차를 사용할 수 있다.

1단계는 작성하는 기획서의 전체적인 분량을 결정하는 단계로 이는 목차를 중심으로 페이지를 가늠하는 방법이다. 실제 컨벤션기획사의 현장업무에서는 서류형식의 기획서와 더불어 프레젠테이션 시간을 고려해서 페이지를 구성하게 되는데 그 분량이 방대하다.

본서에서는 컨벤션기획사 2급 실기 자격증 시험을 대비하기 위한 기획서 작성이고 시험을 치루는 데 있어서는 20매 내 · 외로 작성하라는 지시가 있기 때문에 작성해야하는 항목에 따라 목차를 정하고 항목 별로 적당한 페이지를 배정하는 연습이 필요하다.

〈표 1〉 컨벤션기획사 실기시험 페이지 구성사례

번호	구분	내용	추가내용	페이지수
1	표지	행사명 / 일시 / PCO명		1
2	목차	기본 계획 / 세부운영 계획		1
3	기본 계획	개최 배경 및 의의		1
		행사 개요		1
		행사콘셉트		1
		행사일정표	*조직도 선택가능	1
4	세부운영 계획	회의	회의 개요	1
			회의 기본방향	1
			회의업무 흐름도	1
			회의장 운영계획	1
		관광	관광 개요	1
			관광콘셉트	1
			관광운영전략	1
			관광 세부일정표	1~3
		폐회식	폐회식 개요	1
			폐회식 콘셉트	1
			폐회식업무 흐름도	1
			세부일정표	1
			폐회식 FLOOR PLAN	

〈표 2〉 컨벤션기획사 실기시험 페이지 구성사례2

번호	구분	내용	추가내용	페이지수
1	표지	행사명 / 일시 / CPO명		1
2	목차	기본 계획 / 세부운영 계획		1
3	기본 계획	개최 배경 및 의의		1
		행사 개요		1
		행사콘셉트		1
		행사일정표	*조직도 선택가능	1
4	세부운영 계획	학술(등록포함)	학술 개요	1
			학술기본방향	1
			학술업무 흐름도	1
			학술회의장 운영계획	1
		홍보	등록 개요	1
			등록 기본방향	1
			등록업무 흐름도	1
			홍보개요	1
		의전(영접, 영속포함)	홍보콘셉트	1
			대상별 홍보전략	1
			단계별 홍보전략	1
			의전 개요	1
			의전 콘셉트	1
			영접 업무흐름도	1
			영송 주요업무	1

2단계는 각 페이지 별로 문장, 도표 그리고 도식 등의 형식을 결정한다. 페이지 내용에 적합하도록 그래프나 차트 또는 이미지를 활용하여 작성하는 것이 좋으며 시험을 보시는 분들에게는 시간이 넉넉하지 못하기 때문에 MS 오피스의 파워포인트에 탑재된 스마트 아트라는 기능을 사용한다면 각종 도형을 작성하기에 용이하다.

|그림 1| 스마트 아트1

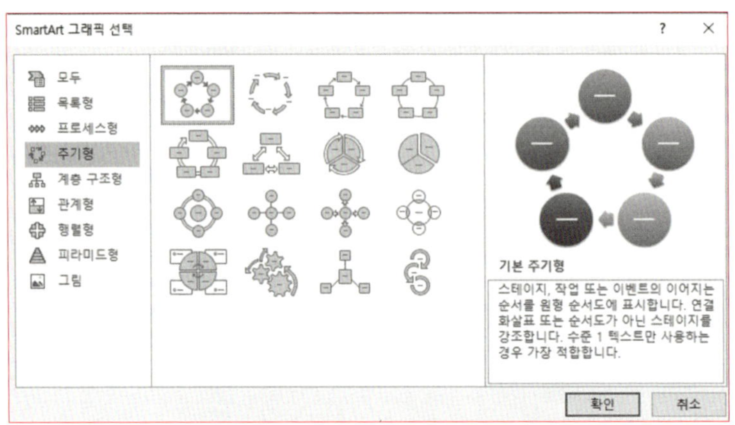

|그림 2| 스마트 아트2

3단계에서는 기획서의 일관되고 효과적인 표현을 위해 파워포인트 디자인을 통일감 있게 구성한다. 여기에는 전체적인 색상도 통일감을 주는 것이 중요하다. 단, 컨벤션기획사 시험에서는 흑백(회색조)으로만 출력해서 제출하는 것이 가능하기 때문에 색감에 신경을 쓸 필요는 없다. 간단하게 음영 정도의 명암을 표현하면 충분하다.

4단계는 정해진 목차의 순서대로 알리고자 하는 스토리를 완성한다. 각 항목에 반드시 기입해야하는 내용을 중심으로 빠진 부분이 없도록 꼼꼼하게 작성한다.

마지막으로 5단계는 검토의 단계로 작성한 용어나 표현이 적합한지, 오자나 탈자가 없는지 확인을 한다. 작성시간 상 마감에 임박하다보면 오탈자가 나타나는데 이는 분명 감점의 요인이 된다.

01 컨벤션기획서의 구성

실제 컨벤션기획서는 상당히 방대한 분량을 차지하고 있다. 컨벤션기획서를 작성하기 위해서는 사전 작업으로 현장조사부터 개최되는 분야에 관한 세밀한 조사가 수반되어야 한다. 또한 내용적 구성뿐만 아니라 기획서를 읽는 독자에게 효과적인 이해를 전달하기위해 시각적인 구성이 포함되는 디자인 작업도 포함된다. 이러한 일련의 작업을 진행하는데 상당히 오랜 시간이 소요되며 짧게는 몇 주 길게는 한 달 이상이 걸린다고 할 수 있다.

이러한 사실을 기반할 때 컨벤션기획사 2급 자격증 실기 시험은 6시간이라는 제한된 시간 내에 시행되기 때문에 실제 기획서의 모든 분야를 작성하기에는 시간적 한계를 가지고 있다. 그래서 출제되는 시험문제는 평균적으로 3~4가지 세부분야 정도로 한정해서 작업하도록 구성되어 있다.

컨벤션기획서의 구성은 크게 세 파트로 구성되어 있다.

첫째는 기획서의 이름이자 얼굴인 표지,

둘째는 기획서를 구성하고 있는 내용의 목차 그리고

세 번째는 운영을 하기 위한 세부 내용별 계획서로, 세 번째 구성인 세부 내용별 운영계획은 또 다른 말로 세부운영 계획이라고도 표기를 한다. 기획서의 핵심 내용이 이 부분에 모두 담겨있다고 할 수 있다.

이 세부운영 계획에는 컨벤션행사의 주 내용에 해당되는 회의관련 정보, 참가자들을 위한 등록, 숙박, 관광, 의전, 수송 및 식음료 분야 그리고 전시회 및 이벤트 운영계획 등이 서술된다.

|그림 3| 컨벤션기획서 작성순서

〈표 3〉 컨벤션기획서의 페이지 구성 사례

구분	세부내용	예상페이지
1. 표지	행사명, 개최기간, 주관사	1
2. 목차	기본 계획 및 세부운영 계획	1
3.기본 계획	1) 개최 배경 / 목적 / 의의	1
	2) 개최효과	1
	3) 행사콘셉트	1
	4) 행사개요	1
	5) 행사일정표	1
	6) 운영조직도	1(선택사항)
3. 세부운영 계획	1) 공식행사(개회식 / 폐회식)	3~5
	2) 회의(학술회의)	3-5
	3) 등록	3-5
	4) 숙박	3-5
	5) 사교행사	3-5
	6) 홍보(마케팅)	3-5
	7) 의전(영접 / 영송)	3-5
	8) 수송	3-5
	9) 관광	3-5
	10) 전시회	3-5

*기획서의 용도 및 상황에 따라 항목이 가감 될 수 있음

1) 표지

컨벤션기획서 표지에는 행사명과 개최기간 그리고 주관사를 명시한다. 행사명은 국문과 영문의 혼용이 좋고 개최기간이나 주관사에 관한 정보는 지시서에 나타나 있는 대로 작성하면 된다. 시험장에서는 수험번호와 성명을 기입할 수 있는 편철구간이 지정되어 있으므로 연습할 때는 이 공간만큼은 고려해서 작성하는 것이 필요하다.

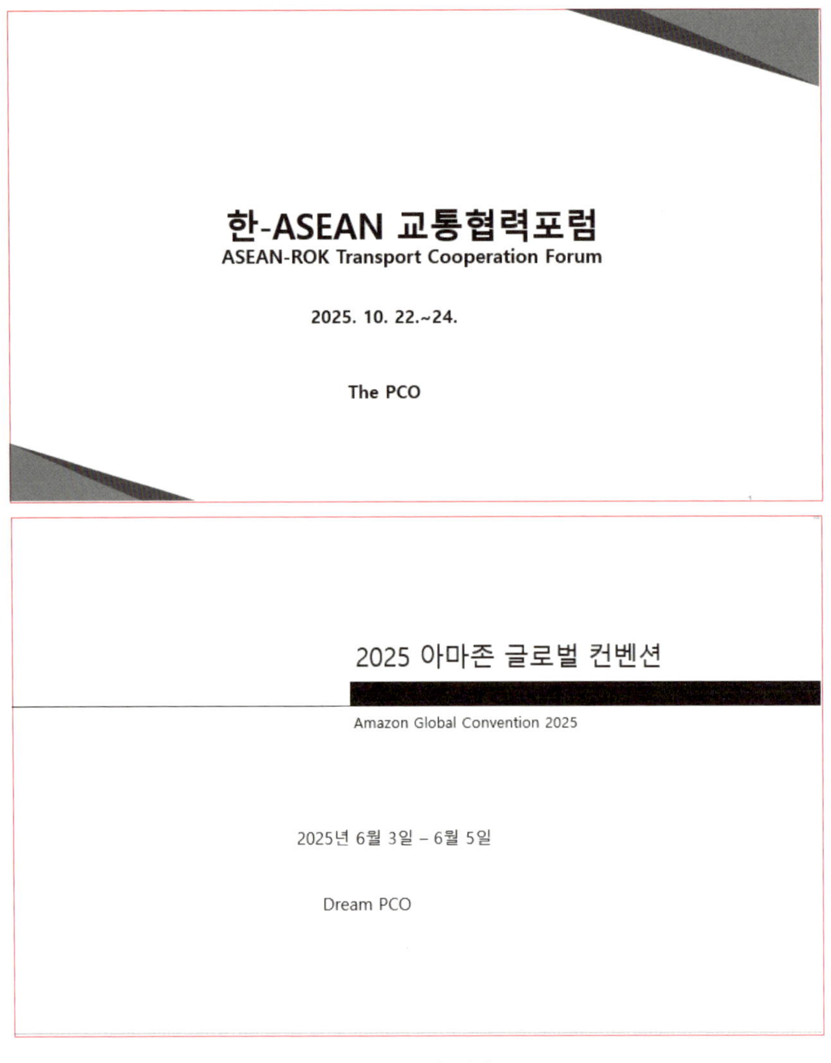

|그림 4| 표지 사례1

2) 목차

목차는 표지의 다음 페이지에 작성하며 기본 계획과 세부운영 계획으로 나누어서 작성한다. 기본 계획에는 행사 개요와 행사 일정표를 작성하라는 것이 일반적인 지시사항이다. 여기에서 유의할 점은 행사개요에 몇 가지 추가적으로 작성이 필요한 항목들이 있다.

1. 개최 배경이나 목적 또는 개최 의의
2. 행사 개요
3. 행사 콘셉트
4. 행사 일정표 : 두 번째 사례처럼 일정표를 따로 번호를 매겨서 작성하는 것도 상관없다.
5. 조직도 : 조직도는 필수사항은 아니다. 개최되는 회의가 기업회의나 정부회의의 경우에는 생략가능한 부분이다.
6. 번호는 일정한 규칙을 가지고 작성하는 것이 필요하다. 로마자(I, II, III 등)로 사용한다면 로마자로 아라비아 숫자(1,1-1, 1-2, 2, 2-1, 2-2 등)는 아라비아 숫자로 통일해서 작성한다.

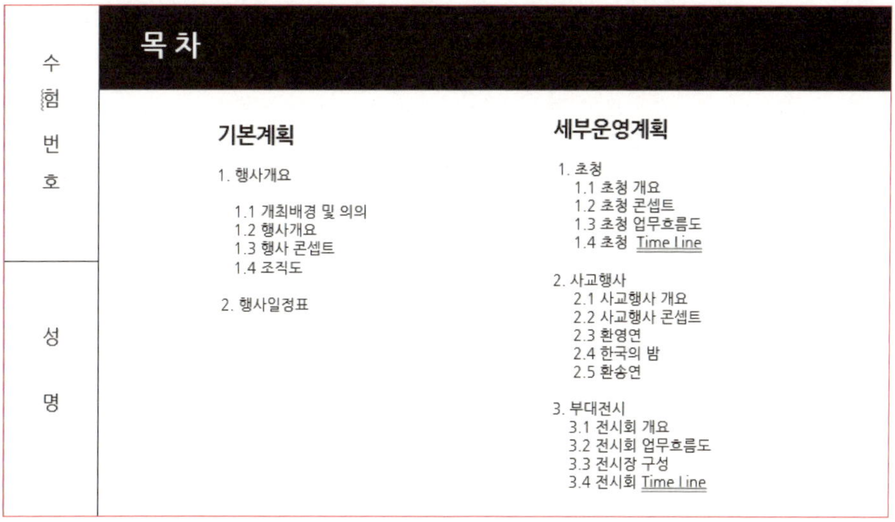

수험번호	목 차	
	기본계획	**세부운영계획**
	1. 행사개요 1.1 개최배경 및 의의 1.2 행사개요 1.3 행사 콘셉트 1.4 조직도 2. 행사일정표	1. 초청 1.1 초청 개요 1.2 초청 콘셉트 1.3 초청 업무흐름도 1.4 초청 Time Line 2. 사교행사 2.1 사교행사 개요 2.2 사교행사 콘셉트 2.3 환영연 2.4 한국의 밤 2.5 환송연 3. 부대전시 3.1 전시회 개요 3.2 전시회 업무흐름도 3.3 전시장 구성 3.4 전시회 Time Line
성명		

|그림 5| 목차작성 사례 1

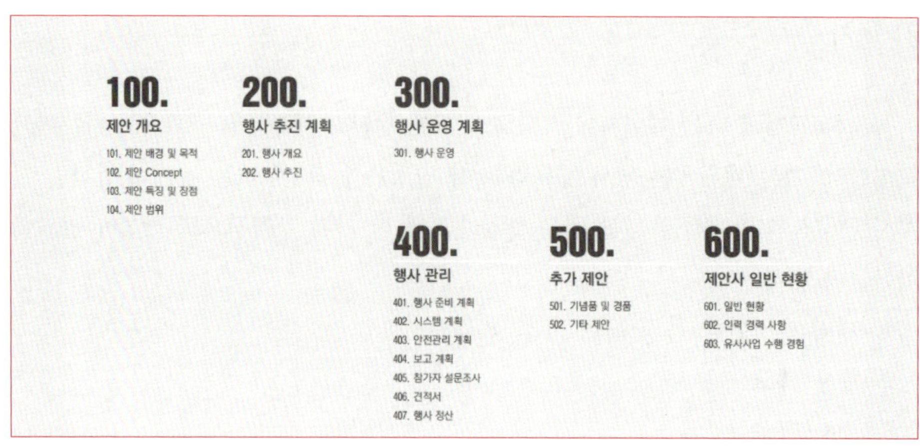

|그림 6| 목차작성 사례 2(실제 운영기획서)

Exercise

다음 조건에 맞는 표지와 목차를 작성하세요. OECD 국토교통부 장관급 회의인 'OECD 국제교통협력회의'를 2024년 8월 7일부터 9일까지 3일간 서울 명동 롯데호텔에서 개최한다. 대한민국은 G20 의장국으로 1년간 "끊임없는 연결"이라는 주제로 논의를 이끌어 왔고, 이번 회의에서는 "통합을 위한 연결"이라는 주제로 회원국들 간의 교통 연결을 통한 통합을 논의할 예정이다.

기본 계획 1) 행사 개요, 2) 행사 일정표(표로 작성) 2. 세부운영 계획 1) 초청(행사 개요, 초청대상 등 포함) 2) 개·폐회식(식순, 음식, 공연포함) 3) 의전(VIP영접 / 영송, 이동 등 포함)

....

....

3) 행사 기본 계획

기본 계획은 크게 세 부분으로 구성된다.

첫 번째는 개최 배경이나 목적을 작성하며 왜 이 행사를 개최하게 되었는지의 이유를 나타내고, 행사 개최를 통해 기대되는 효과를 표현하기도 한다.

두 번째는 행사의 개요 부분으로 행사명, 일시, 장소, 주최, 참가대상 등 가장 기본적인 정보를 도식화하여 표현한다.

세 번째는 행사일정표로 한 눈에 보기 쉽게 전체 일정을 보여준다.

이외에 기획서의 의도에 따라서 조직도나 SWOT 분석이 추가되기도 한다.

〈표 4〉 행사 일정표 구성

구분	내용
개최 배경 / 목적 / 의의	행사를 개최하게 된 이유 설명 / 개최효과
행사개요	행사명, 개최기간, 개최장소, 주최, 주관, 후원, 참가대상 등
행사일정표	Program at a glance 한 페이지 표 형식으로 구성
추가	조직도 / SWOT 분석

(1) 개최 배경 및 의의

컨벤션 개최의 배경이나 의의는 모든 행사가 다르기 때문에 정형화나 보편화 시킬 수는 없다. 학습자의 이해를 돕기 위해서 컨벤션기획사 자격증 시험에 출제되었던 내용을 중심으로 설명하자면 아래 사례의 경우에는 회의 취지에서 개최 배경이나 의의를 찾아낼 수 있다. 키워드(단어)를 중심으로 몇 개를 추출해서 도형으로 구성하는 방법을 추천한다.

【사례 1】 2020 한-아세안 스마트시티 협력회의

<회의취지>

국토교통부는 한국과 아세안 10개국 간 스마트시티 분야의 정책과 기술성과 공유, 지속가능한 협력강화 및 민간교류 확대를 위해서 국제행사를 개최하고자 한다. 본 행사를 통해 우리나라와 아세안 국가의 상생번영을 실현하는데 일익을 담당할 것을 전망하고 있다.

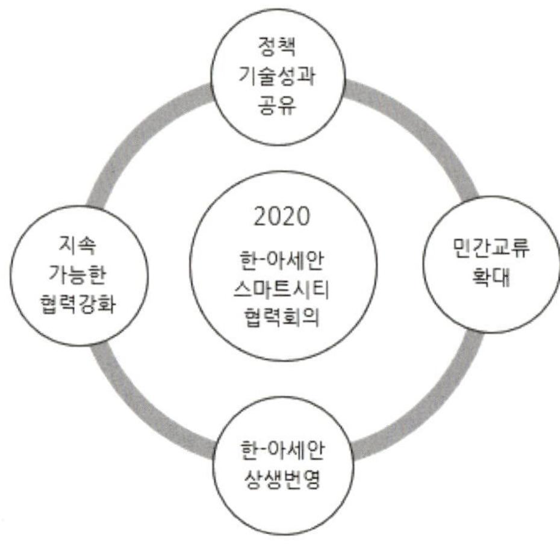

|그림 7| 개최 배경 및 의의 사례 1

【사례 2】 제10회 세계PCO협회 총회

<회의취지>

21세기 다국적 시대를 맞아 각 국가는 물론이고 기업과 협회에서도 소속단체의 실리를 위한 회의에 큰 관심을 보이며, 전략적인 유치 및 개최여건을 조성하고 있다. 이러한 추세에 우리나라는 국내의 PCO업계의 발전과 활성화를 도모하고자, 국제적 PCO단체들과 상호교류의 장을 만들고자 한다.

<조 건>

문화체육관광부에서는 오는 2020년 10월 15일에서 17일(3일간) 동안 제10회 세계PCO협회총회를 서울 코엑스에서 개최하고자 한다. 이번 행사는 문화체육관광부가 주최하지만 행사의 진행을 보다 원활하게 운영하기 위하여 PCO업체인 ㈜남산컨벤션서비스를 주관사로 선정하였다. 본 행사의 참가대상은 세계 PCO협회 회원 및 비회원사도 포함되며, 공식 언어는 영어와 한국어로 병행 사용된다. 행사소요 예산은 5억 내 · 외로 하고 내국인 300명, 외국인 700여명이 참석할 예정이며, 회의실은 코엑스에 있는 컨퍼런스 룸과 오디토리움을 병행 사용할 수 있다. 해외에서 오는 참가자들은 회의장 인근 코엑스 또는 그랜드인터콘티넨탈 호텔에서 체류하게 된다.

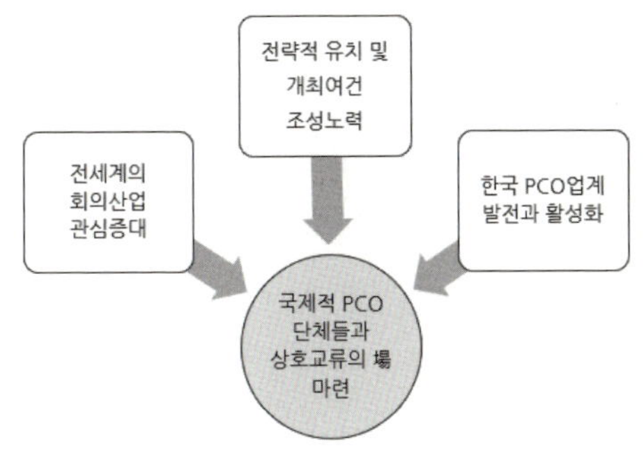

|그림 8| 개최 배경 및 의의 사례 2

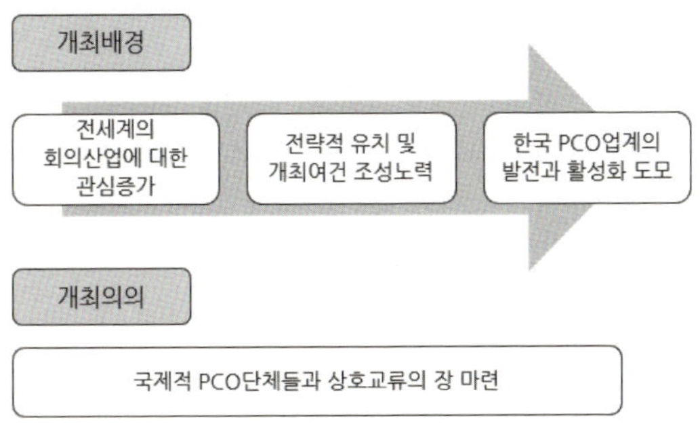

|그림 9| 개최 배경 및 의의 사례 3

Exercise

다음 조건에 맞는 개최 배경 및 개최 의의를 작성하세요.

OECD 국토교통부 장관급 회의인 'OECD 국제교통협력회의'를 2024년 8월 7일부터 9일까지 3일간 서울 명동 롯데호텔에서 개최한다. 대한민국은 G20 의장국으로 1년간 "끊임없는 연결"이라는 주제로 논의를 이끌어 왔고, 이번 회의에서는 "통합을 위한 연결"이라는 주제로 회원국들 간의 교통 연결을 통한 통합을 논의할 예정이다.

....

....

4) 행사개요

행사개요 파트는 개최되는 행사에 관한 기본적인 정보를 작성하는 것으로 행사명, 개최기간, 개최장소, 주최기관, 주관사, 참가대상, 공식언어 등을 표를 이용한 양식을 활용해서 작성하는 것을 추천한다.

【사례 1】 2020 한─아세안 스마트시티 협력회의

〈조건〉

2020 한─아세안 스마트시티 협력회의의 주최는 국토교통부이고 오는 2020년 11월 9일(월)~12일(수) 4일간 인천에서 개최 된다. 본 행사는 외교부, 신남방정책특별위원회가 후원을 하며 행사를 진행하기위해 PCO는 ㈜송도컨벤션서비스가 선정되었다.

참가자는 한─아세안 10개국의 장관 및 부처담당자, 관련기관 및 단체, 관련기업, 연구자 등이 참석한다. 총 참가인원은 국내 500명, 국외 500명이며 회의공용어는 영어를 사용한다. 공식행사로 개회식과 폐회식이 진행되며 장관회의와 특별강연이 2회 진행된다. 전문가 발표가 이틀간 3회 진행되며 소규모 분과회의가 4회 예정되어 있다. 아세안 국가 대표들의 사무실이 운영되며 공식관광이 1회 진행된다.

〈참고사항〉

본 행사는 스마트시티 관련 전시회가 개최되며, 환영연, 한국의 밤, 환송연의 사교행사가 운영된다. 이러한 행사를 통해 한국의 우수성을 알리고 아세안 국가들과의 협력 및 상생을 이끌어 갈 수 있는 프로그램을 선보이고자 한다.

〈표 5〉 행사개요 작성 사례 1

행사명	2020 한－아세안 스마트시티 협력회의(Korea-ASEAN Smart City Cooperation Meeting 2020)
일시	2020년 11월 9일(월)~11월12일(목)(4일간)
장소	인천 송도컨벤시아(CONVENSIA)
주최	국토교통부
주관	㈜송도컨벤션서비스
참가대상	10개국 장관, 부처담당사, 관련기관, 단체, 관련기업, 연구자
참가인원	내국인 500명, 외국인 500명
공식언어	영어
후원	외교부, 신남방정책특별위원회
프로그램	개회식, 폐회식, 장관회의, 특별강연(2회), 전문가발표(3회), 분과회의(4회)
	전시회, 공식관광, 환영연, 한국의 밤, 환송연
비고	10개국 실시간 중계서비스 운영 / 하이브리드 행사 운영 *본 행사는 방역지침을 준수하고 있습니다.

* 지시서에 나타나 있지 않은 경우지만 COVID19 이후 온라인 오프라인 하이브리드 행사가 많이 진행되고

있기 때문에 개최되는 시기에 따라 회의(학술)파트에 하이브리드 진행에 관련하여 '본 행사는 온라인으로 실시간 중계됩니다.'를 언급해 주는 것도 필요하다(특히, 협회 / 학술회의의 경우).

【사례 2】 제10회 세계PCO협회총회

〈조 건〉

문화체육관광부에서는 오는 2020년 10월 15일에서 17일(3일간)동안 제10회 세계PCO협회총회를 서울 코엑스에서 개최하고자 한다. 이번 행사는 문화체육관광부가 주최하지만 행사의 진행을 보다 원활하게 운영하기 위하여 PCO업체인 ㈜서울컨벤션서비스를 주관사로 선정하였다. 본 행사의 참가대상은 세계 PCO협회 회원 및 비회원사도 포함되며, 공식 언어는 영어와 한국어로 병행 사용된다. 행사소요 예산은 3억 내 · 외로 하고 내국인 200명, 외국인 800여명이 참석할 예정이며, 회의실은 코엑스에 있는 컨퍼런스 룸과 오디토리움을 병행 사용할 수 있다. 해외에서 오는 참가자들은 회의장 인근 코엑스 또는 그랜드인터콘티넨탈 호텔에서 체류하게 된다.

본 행사의 참가비는 회원사 $500, 비회원사$600이며, 참가자에게는 공식항공사인 한국항공을 이용 시, First Class & Business Class- 40% D.C및 Economic Class- 60% D.C와 숙박호텔 특별요금(1박 $120 : 본 행사 전 후 2일간 동일요금)을 적용 받게 되고, 환영, 환송만찬과 동반자 행사에 무료로 참석할 수 있다.

〈참고사항〉

본 행사에는 개회식과 총회, 분과회의 3회가 이틀 동안 열리며, Optional tour(참가자 부담)가 있게 된다.

〈표 6〉 행사개요 작성 사례 2

행사명	제10회 세계PCO협회 총회(The 10th Annual Meeting of International PCO Association)
일시	2020년 10월 15일~10월 17일(3일간)
장소	코엑스(COEX)
주최	문화체육관광부
주관	㈜서울컨벤션서비스
참가대상	세계 PCO협회회원, 비회원, 동반자
참가인원	내국인 200명, 외국인 800명
공용언어	한국어, 영어
프로그램	개회식, 총회, 분과회의 3회(2일 동안)
	선택관광, 동반자프로그램, 환영연, 환송만찬

5) 행사 일정표

컨벤션 행사 프로그램을 한 페이지 안에 전체일정을 볼 수 있도록 표로 나타내는 것을 행사 일정표라고 하며 영어로는 Program at a Glance라고 표기하기도 한다.

행사 일정표는 영어로 작성하는 경우가 일반적이다. 공식용어로 사용되는 경우가 많기 때문에 가능하면 영어로 작성하는 것을 추천하지만 만약 정확한 용어를 모른다거나 스펠링에 자신이 없다면 한글로 작성해도 무방하다.

유의사항은 지시서에 나타난 모든 프로그램을 일정표에 반드시 표기해야 한다는 것이다. 참고사항까지 체크해서 빠짐없이 작성해야 한다.

【사례 1】 2020 한-아세안 스마트시티 협력회의

〈조건〉

2020 한—아세안 스마트시티 협력회의의 주최는 국토교통부이고 오는 2020년 11월 9일(월)~12일(수) 4일간 인천에서 개최된다. 본 행사는 외교부, 신남방정책특별위원회가 후원을 하며 행사를 진행하기위해 PCO는 ㈜송도컨벤션서비스가 선정되었다.

참가자는 한-아세안 10개국의 장관 및 부처담당자, 관련기관 및 단체, 관련기업, 연구자 등이 참석한다. 총 참가인원은 국내 500명, 국외 500명이며 회의공용어는 영어를 사용한다. 공식행사로 개회식과 폐회식이 진행되며 장관회의와 특별강연이 2회 진행된다. 전문가 발표가 이틀간 3회 진행되며 소규모 분과회의가 4회 예정되어 있다. 아세안 국가 대표들의 사무실이 운영되며 공식관광이 1회 진행된다.

〈참고사항〉

본 행사는 스마트시티 관련 전시회가 개최되며, 환영연, 한국의 밤, 환송연의 사교행사가 운영된다. 이러한 행사를 통해 한국의 우수성을 알리고 아세안 국가들과의 협력 및 상생을 이끌어 갈 수 있는 프로그램을 선보이고자 한다.

<table>
<tr><th></th><th colspan="2">Nov.9(Mon.)</th><th colspan="2">Nov.10(Tue.)</th><th colspan="2">Nov.11(Wed.)</th><th>Nov.12(Thu.)</th></tr>
<tr><td>09:00</td><td rowspan="12">Registration / Exhibition</td><td rowspan="6">On-site Registration</td><td rowspan="9">Registration / Exhibition</td><td rowspan="3">Special Lecture I</td><td rowspan="9">Registration / Exhibition</td><td rowspan="3">Special Lecture II</td><td rowspan="2">Technical Session III</td></tr>
<tr><td>10:00</td></tr>
<tr><td>11:00</td><td>Technical Session IV</td></tr>
<tr><td>12:00</td><td>Lunch</td><td>Lunch</td><td>Closing Ceremony</td></tr>
<tr><td>13:00</td><td rowspan="2">Expert Presentation I</td><td rowspan="2">Expert Presentation III</td><td rowspan="8">Tour</td></tr>
<tr><td>14:00</td></tr>
<tr><td>15:00</td><td>Opening Ceremony</td><td>Coffee Break</td><td>Coffee Break</td></tr>
<tr><td>16:00</td><td rowspan="2">Ministerial Meeting</td><td rowspan="2">Expert Presentation II</td><td>Technical Session I</td></tr>
<tr><td>17:00</td><td>Technical Session II</td></tr>
<tr><td>18:00</td><td rowspan="3">Welcome Reception</td><td colspan="2" rowspan="3">Korean Night</td><td colspan="2" rowspan="3">Farewell Dinner</td></tr>
<tr><td>19:00</td></tr>
<tr><td>20:00</td></tr>
</table>

|그림 10| 행사일정표 사례 1

【사례 2】 **제25차 국제의학연구학회 연차총회**

〈조 건〉

대한의학회에서는 2020년 9월 6일부터 9월 9일까지 4일간 제25차 국제의학연구학회 연차총회를 제주 국제 컨벤션센터에서 개최하려 한다. 대한의학회에서 주최하며, 주관 PCO사로는 ㈜한라산컨벤션서비스를 선정하였다. 본 대회에서 각국의 의학연구학회 외원은 물론 비회원 및 각 연구소의 연구원, 레지던트와 동반자들이 참가한다. 회의 공용어는 영어이며 내국인 400명, 외국인 600명이 참석할 예정으로 회의실은 탐라홀, 한라홀을 비롯한 대소 회의장을 사용할 것이다. 주요 행사로는 개·폐회식, 3회의 특별강연, 심포지엄 및 자유연제 발표, 포스터 발표 및 산업전시회, 환영연, 한국의 밤, 환송연 등이 포함된다.

〈참고사항〉

본 행사의 환영연은 ICC의 이어도 플라자, 한국의 밤은 제주 롯데호텔, 환송연은 제주 신라호텔의 야외 연회장에서 개최하며 등록비에 포함되어 있다. 관광은 선택관광으로 참가자 부담이다. 첫날에는 Workshop이 있다.

<table>
<tr><th></th><th colspan="2">Sep.6(Mon.)</th><th colspan="2">Sep.7(Tue.)</th><th colspan="2">Sep.8(Wed.)</th><th>Sep.9(Thu.)</th></tr>
<tr><td>09:00</td><td rowspan="12">Registration</td><td rowspan="6">On-site Registration</td><td rowspan="9">Exhibition/Poster Session</td><td rowspan="3">Special Lecture I</td><td rowspan="9">Exhibition/Poster Session</td><td rowspan="3">Special Lecture II</td><td rowspan="2">Special Lecture III</td></tr>
<tr><td>10:00</td></tr>
<tr><td>11:00</td><td rowspan="2">Closing Ceremony</td></tr>
<tr><td>12:00</td><td>Lunch</td><td>Lunch</td></tr>
<tr><td>13:00</td><td rowspan="2">Oral Session I</td><td rowspan="2">Symposium I</td><td rowspan="8">Optional Tour</td></tr>
<tr><td>14:00</td></tr>
<tr><td>15:00</td><td>Opening Ceremony</td><td>Coffee Break</td><td>Coffee Break</td></tr>
<tr><td>16:00</td><td rowspan="2">Workshop</td><td rowspan="2">Oral Session II</td><td rowspan="2">Symposium II</td></tr>
<tr><td>17:00</td></tr>
<tr><td>18:00</td><td rowspan="3">Welcome Reception</td><td colspan="2" rowspan="3">Korean Night</td><td colspan="2" rowspan="3">Farewell Dinner</td></tr>
<tr><td>19:00</td></tr>
<tr><td>20:00</td></tr>
</table>

|그림 11| 행사일정표 사례2

행사일정표에서 자주 사용되는 용어

- Opening Ceremony 개회식
- General Assembly 총회
- Plenary Session 전체회의
- Concurrent Session(Parallel Session) 동시진행 세션
- Keynote Speech 기조연설
- Special Lecture 특별강연
- Symposium 심포지엄
- Expert Presentation 전문가발표
- Ministerial Meeting 장관급회의
- Technical Session 기술회의(분과회의)
- Registration 등록
- On-site registration 현장등록
- Coffee break / Tea Break 휴식시간
- Exhibition 전시회
- Welcome Reception 환영리셉션
- Korean night / Gala Dinner 한국의 밤 / 갈라 디너
- Farewell Dinner 환송연
- Poster Session 포스터 발표
- Technical Tour 산업시찰
- Closing Ceremony 폐회식
- Optional Tour 선택 관광
- Accompanying Program(Spouse Program) 동반자 프로그램

Exercise

다음 조건에 맞도록 행사개요 및 일정표를 작성하시오.

〈회의취지〉

아마존 본사는 시대가 요구하는 미래의 비전을 제시하고 새로운 도약의 계기를 마련할 뿐 아니라 전 세계에서 일하고 있는 아마존 임직원들의 성과 보상 및 사기 증진을 위한 글로벌 컨벤션을 개최하고자 한다.

〈조건〉

주최는 아마존 본사에서 하고 2025년 6월 3일(화)~5일(금) 3일 간 서울에서 개최한다. 본 행사의 참가자는 본사 및 해외지사 임직원 1,300명이고 동반자는 참가하지 않는다. 회의 공용어는 영어이며 조별회의 및 분과회의가 10회 진행된다.

〈참고사항〉

본 행사는 환영 리셉션과 갈라 디너의 사교행사가 운영된다. 참가자들을 위한 관광프로그램은 선택관광으로 진행될 예정이다.

6) 조직도

컨벤션 행사에서 사용되는 조직도는 컨벤션을 운영하는 운영위원회 또는 조직위원회Organizing Committee라고도 부른다. 기업회의나 정부회의의 경우에는 조직도를 기획서에 포함시키지 않아도 무방하지만, 협회회의(학술회의)의 경우에는 다양한 분과위원회가 컨벤션을 준비하는 조직위원회에 포함되기 때문에 한 페이지 정도 추가해주는 것이 좋다. 이 조직도는 파워포인트의 SMART ART를 활용하면 쉽게 작성이 가능하다.

다음은 일반적인 조직도의 사례이다. 연습이 필요한 작업이기는 하지만 몇 번 정도 만들어 본다면 어렵지 않게 익숙해질 수 있다.

아래의 조직도는 예시이기 때문에 지시서에 나타나지 않은 경우는 삭제 가능하다. 예를 들어 전시회가 없는 컨벤션이라면 전시분과 위원회가 필요 없다. 그리고 회의분과위원회라고 표기는 했지만 개최되는 회의가 학술회의라면 회의분과위원회라기보다는 학술분과위원회라는 명칭이 더 정확한 표현이다.

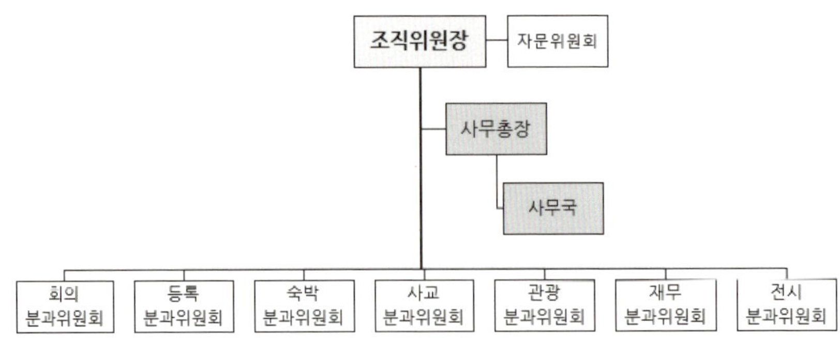

|그림 12| 조직도 사례

7) 세부운영 계획

컨벤션기획서 작성의 시작인 표지에서부터 목차 그리고 기본 계획까지 작성하는 방법을 알아보았다. 다음은 본론에 해당되는 세부운영 계획서 작성 단계이다. 컨벤션기획과 운영에 있어서 모두 필요한 항목들로 구성되어 있는 세부운영 계획은 다음 장에서 하나씩 설명해 나가도록 하겠다. 최근 시험의 트렌드도 그렇고 2022년부터 변경되는 NCS유형의 출제 경향을 살펴보면 세부운영에 해당되는 모든 항목이 나타나고 있기 때문에 자격증 시험을 취득하기 위해서라기보다는 실제 컨벤션기획사가 현장에서 업무를 바로 진행할 수 있는 실력을 키운다는 생각으로 접근하기를 바란다.

(1) 세부운영 계획의 작성

컨벤션기획서를 구성하는 세부운영 계획의 항목에는 참가자들이 행사에 참여하기 위한 등록부터 회의(학술)프로그램 설계와 회의장 조성, 개회식이나 폐회식 같은 공식행사, 참가자들을 위한 식음료 관리와 사교행사 프로그램 및 관광프로그램이 포함된다. 또한 개최되는 회의의 특성에 따라 의전이나 수송관리가 필요한 경우도 있고 전시회가 동시에 진행된다면 전시회 파트의 기획, 운영에 관한 내용도 기획서 항목에 들어간다. 그리고 빠질 수 없는 부분이 홍보 및 마케팅이며 요즘은 여러 다양한 위험들을 대비한 위기관리 항목도 기획서에 포함을 시키고 있는 추세이다.

① 회의등록

컨벤션 행사의 개최를 참가자들에게 알리고 행사를 운영하기 위해 가장 먼저 진행되는 업무 중 하나로 홈페이지(웹사이트) 개설을 들 수 있다. 행사 홈페이지는 참가자들에게 개최되는 행사의 모든 정보를 알려주는 플랫폼으로서 회의소개 및 참가등록, 숙박, 관광 신청, 발표자료 제출 및 심사 등의 정보를 탑재하게 된다. 온라인으로 운영되는 이 플랫폼은 주최기관이나 기획업체에서 자체 프로그램을 개발하기도 하고 상황에 따라 숙박프로그램이나 관광프로그램은 해당 호텔이나 여행사의 시스템을 활용하기도 한다. 온라인으로 진행되는 등록 및 숙박 프로그램(웹사이트)의 개발 프로세스는 아래와 같다.

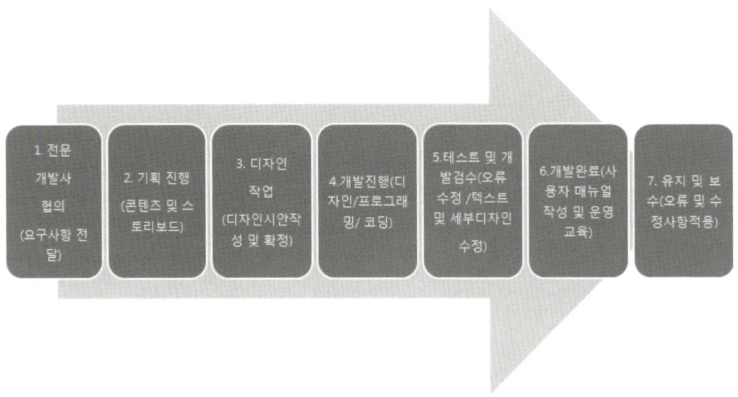

|그림 13| 온라인 등록 및 숙박 프로그램 개발(웹사이트) 프로세스

㉮ 등록(Registration)

등록은 컨벤션 참가자가 참가의 의사를 밝히는 작업으로 주최자가 제공한 웹사이트를 통해 자신의 기본적인 정보를 작성하고 등록비를 결제하는 작업을 통해 참가를 공식적으로 밝히고 주최 측은 참가확인서Confirmation Sheet를 발행함으로 참가를 확정하는 업무이다. 이러한 등록신청은 웹사이트를 통한 온라인신청이 거의 대부분이지만 상황에 따라서는 오프라인등록의 작업이 운영되기도 한다.

등록업무를 진행하는 동안은 참가자의 개인정보들을 다루기 때문에 주최 측에서는 이러한 정보를 민감하고 세심하게 다루어야 한다.

㉠ 사전등록(Pre-registration)

컨벤션에서 등록은 사전등록과 현장등록으로 구분된다. 사전등록이라고 함은 참가자가 컨벤션 행사에 참가하고자 신청서를 제출하고 참가등록을 완료하는 것으로 행사개최 1년 전부터 6개월 전에 실시하는 것이 일반적이다. 이 등록의 시기는 모든 컨벤션이 동일한 것은 아니며 개최되는 컨벤션행사의 여건에 따라 결정될 수 있다.

참가자의 입장에서는 사전등록을 최대한 늦추고 싶겠지만, 행사를 운영하는 주최 측의 입장에서는 사전등록의 마감을 빨리 진행하여 예상참가자의 규모를 파악하는 것이 행사운영을 원활하게 한다는 장점이 있다. 그리고 사전 등록의 또 다른 장점에는 등록 시 입금되는 등록비로 인해 주최 측에게는 행사운영의 중요한 재원이 확보가 된다. 원활한 사전등록을 위해 주최 측은 등록비 할인의 프로모션을 실시하는 조기등록Early Bird Registration을 시행하기도 한다.

㉡ 현장등록(On-site registration)

현장등록의 업무는 크게 두 가지로 나뉜다. 사전등록을 하지 못한 참가자가 행사 당일에 참여를 하는 경우 등록절차를 진행하는 경우와 사전에 등록을 완료한 참가자가 자신의 행사참여를 확인하는 절차로서의 등록업무가 있다.

컨벤션 행사는 사전등록을 원칙으로 하지만 100%를 사전등록으로 마감하기에는 어려운 경우가 있어 현장등록이 가능하도록 행사기간동안 등록데스크를 운영하게 된다.

컨벤션기획서에 작성되는 등록과 관련된 내용에는 사전등록과 현장등록의 업무를 모두를 나타내야 한다.

㉢ 등록 파트 작성 목차

등록 개요 / 등록 기본방향 / 등록 업무흐름도 / 등록 Time Line / 등록데스크 운영 /

- 등록의 개요

등록의 개요부분은 한 페이지에 작성하기 위해서는 사전등록과 현장등록을 표로 구분하고 필수적으로 들어가야 하는 항목으로는 사전등록과 현장등록의 기간 / 등록비 / 등록방법 / 예상인원 / 업무내용이 해당된다.

아래는 등록개요 작성의 사례이다.

〈표 7〉 등록개요 작성사례

구분	사전등록	현장등록
기간	행사 6개월 전 ~2020년 9월 30일 2020년 10월 1일부터는 현장등록처리	2020년 10월 15일~17일
등록비	회원사 : $700 / 비회원사 : $800	회원사 : $700 / 비회원사 : $800
방법	홈페이지, e-mai(온라인결제시스템) 카드결제 또는 계좌이체(내국인에 한함)	현장 등록데스크 운영
등록예상인원	국내 : 250명, 국외 : 650명	국내 : 50명, 국외 : 50명
내용	사전등록 신청서 접수 신청자 DB관리 등록 확인증 발송 참가자 리스트 관리 등록비 입금확인 및 영수증 발행 *등록 취소 및 변경은 규정에 따라 처리함	현장 등록데스크 설치 및 운영 현장 경제 시스템 구축 현장등록 관련 물품 구비

- 등록 기본방향

등록업무는 참가자의 정보뿐만 아니라 등록비를 접수 받는 기능을 수행하기 때문에 정확하고 효율적이며 참가자가 등록 시 불편함이 없도록 운영하여야 한다.

사전등록을 받는 장점에는 참가자의 인원수 예측이 가능하다는 점이 있고 이는 행사를 준비하는 기획자의 입장에서는 정확한 인원 파악으로 인해 효율적인 행사운영이 가능하다. 또한 사전등록으로 인해 납부된 등록비를 활용할 수 있다는 점은 운영에 재정적 도움이 된다.

아래 그림은 온라인 등록시스템을 활용하여 편리함과 정확함 그리고 효율성을 기본방향으로 작성한 사례이다. 도형의 형식은 작성자가 선택하여 수정 가능하며 단지 업무의 특성을 이해하면서 빠짐없이 구성하는 것이 중요하다.

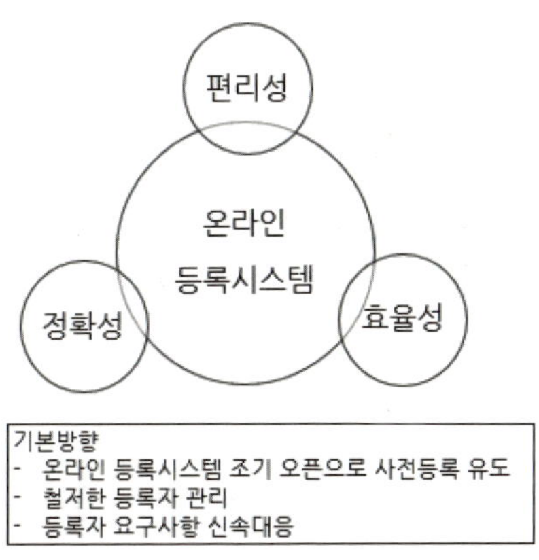

|그림 14| 등록의 기본방향

- 등록업무 흐름도

등록업무의 흐름도를 기획서 작성 시 삽입하는 이유는 컨벤션기획사가 이 행사를 운영하기 위해 등록 관련한 업무를 어느 정도 이해하고 있고 현장에서 운영하는데 있어 오류를 최소화 하겠다는 의지를 나타내는 것이라고 할 수 있겠다.

실제 운영되는 컨벤션기획서에서는 현실감 있게 디테일한 내용을 포함해야하지만 아래에서 소개하는 내용은 자격증 시험을 위해 구성한 러프한 사례이며 시험장에서 응용 및 활용 가능한 내용이다.

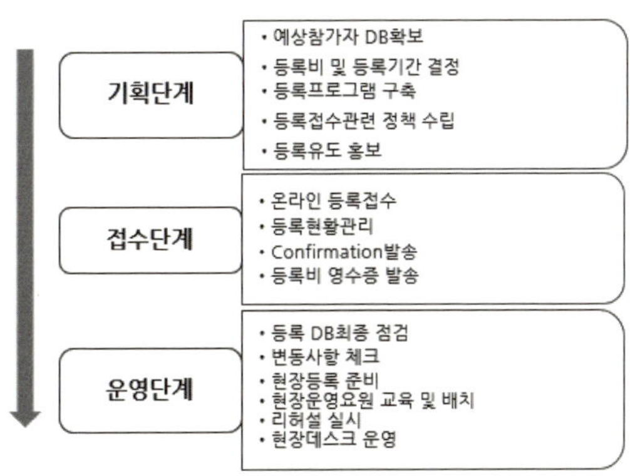

|그림 15| 등록 업무 흐름도 사례1

• 등록 Time Line

등록과 관련한 업무를 진행하기 위한 Time Line으로 기획하는 행사에 맞게 업무의 진행상황을 한 눈에 볼 수 있도록 작성한 표이다.

사전등록 접수 시기는 행사마다 동일한 규칙을 가지고 운영되는 것은 아니지만 대부분 컨벤션행사 개최 6개월 전부터 접수 시작하여 빠르면 행사 3개월 전 마감을 하기도 한다.

행사를 준비하는 기획자의 입장에서는 빠른 사전등록 마감이 바람직하지만 참가자의 입장에서는 최대한 등록을 늦추기를 바라는 것이 일반적이다. 주의해야 할 점은 행사 시작 최소 1개월 전에는 마감을 하는 것으로 한다. 간혹, 행사 전날까지 사전등록을 접수하는 경우가 있는데 컨벤션 행사에서는 적합하지 않은 방법이다.

아래의 사례에서는 행사 1개월 전에 마감하는 것으로 나타냈다.

구분	2019	2020년								
	12월	1월	2월	3월	4월	5월	6월	7월	8월	9월
홈페이지 구축	→									
온라인 등록프로그램 구축	→									
등록안내서 발송		→								
사전등록 접수		→	→	→	→	→	→	→		
등록현황관리		→	→	→	→	→	→	→	→	→
등록 확인서 및 등록비 영수증 발송		→	→	→	→	→	→	→	→	→
등록 DB최종 점검									→	
현장등록 준비										→
현장데스크 운영										→

|그림 16| 등록 Time Line

• 등록 데스크 현장 운영

등록데스크는 주 회의장에서 가까운 곳에 설치하는 것이 필수사항이기 때문에 참가자 접근성이 편리한 로비에 설치하는 것이 바람직하다.

〈표 8〉 등록데스크 운영사례

운영일시	2020년 10월 15일 ~17일(09 : 00~17 : 00)
설치장소	코엑스 그랜드볼룸 로비
사전등록데스크	부스 10개 설치 사전등록자 리스트 네임텍 개인봉투 등록시스템 차단봉 문구류
현장운영데스크	부스 2개 설치 현장등록신청서 등록비 수납 네임텍출력 노트북 / 프린터 / 신용카드단말기
KIT데스크 / 관광안내데스크	Congress kit 배부 / 관광신청접수 / 안내리플렛

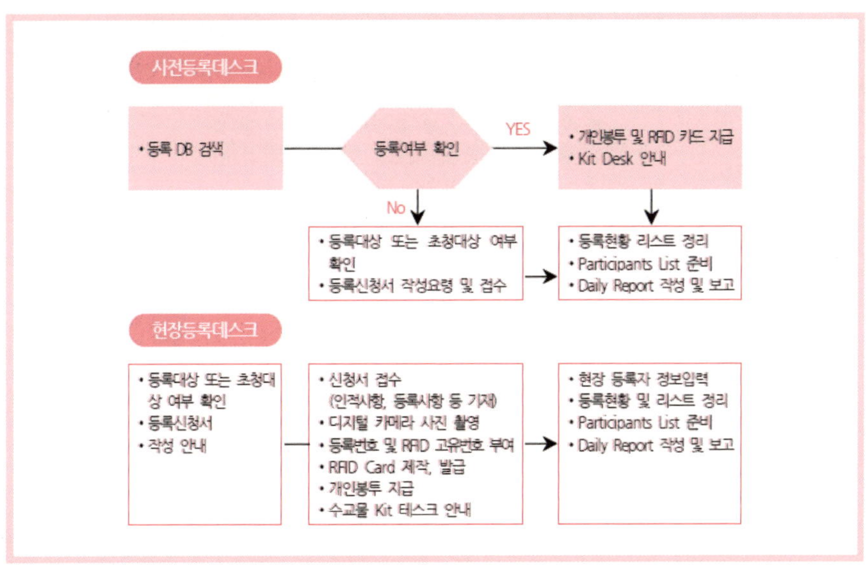

|그림 17| 현장업무 프로세스

등록데스크의 운영 일시는 행사의 특성에 따라 달라질 수는 있지만 일반적으로 행사 개최 1~2일전부터 시작해서 행사 마지막 날까지로 정한다. 일반적으로 행사 전날과 개최 당일 오전에 등록 인원들이 몰리는 편이다. 운영시간은 09시부터 17 : 00 또는 18 : 00로 마무리하는 것이 무난하다.

등록데스크의 설치 장소는 주 회의장 앞 로비를 선정하고 운영되는 데스크는 사전 등록부스와 현장 등록부스를 나누어서 설치한다. 등록데스크는 등록부스라는 용어로도 사용된다. 추가로 등록 KIT를 나눠주는 공간을 설치하는 것이 필요하고 행사의 구성에 따라 관광안내데스크를 추가할 수도 있다. 즉, 개최되는 행사에 관광프로그램이 있다면 등록데스크 구성에 관광안내데스크를 추가하는 것이 필요하다.

등록을 완료한 참가자들에게 나눠주는 Congress kit이라고 불리는 등록키트는 참가자들이 행사기간 동안 사용하게 될 네임텍, 안내서, 프로그램, 발표자료, 영수증, 기념품, 각종 쿠폰 등이 들어있는 봉투나 가방의 형태로 되어있다.

등록데스크(부스)의 설치 수량은 참가자 수를 가늠하여 규모를 정하게 되는데 가장 인원이 몰리게 되는 시간을 기준으로 등록을 진행하는 시간이 너무 오래 걸리지 않도록 배정하는 것이 필요하다.

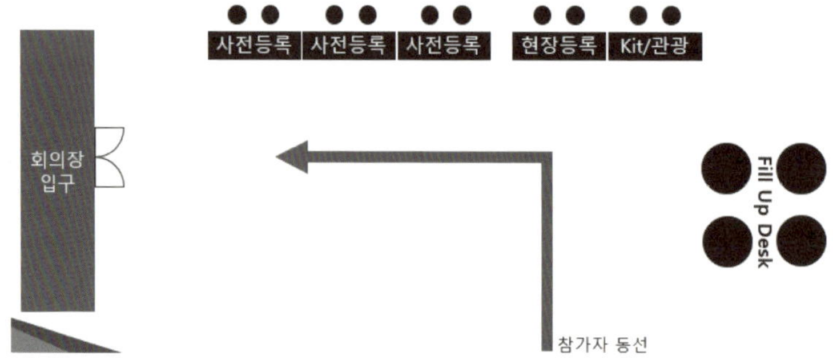

|그림 18| 등록데스크 운영 도면 사례

Exercise

다음 조건에 맞도록 등록에 관련된 기획서를 작성하시오.

〈조건〉

문화체육관광부에서는 오는 2025년 10월15일에서 17일(3일간)동안세계 MICE총회를 서울코엑스에서 개최하고자 한다. 이번 행사는 문화체육관광부가 주최하지만 행사의 진행을 보다 원활하게 운영하기 위하여 PCO업체인 ㈜하나컨벤션서비스를 주관사로 선정하였다. 본 행사의 참가 대상은 세계MICE협회 회원 및 비회원사도 포함되며, 공식 언어는 영어와 한국어로 병행 사용된다. 행사소요예산은10억 내 · 외로 하고 내국인 800명, 외국인 1,200여명이 참석할 예정이며, 회의실은 코엑스에 있는 컨퍼런스룸과 오디토리움을 병행 사용할 수 있다. 해외에서 오는 참가자들은 회의장 인근 코엑스 또는 그랜드인터 콘티넨탈호텔에서 체류하게 된다.

본 행사의 참가비는 회원사 $700, 비회원사 $800이며, 숙박호텔특별요금(1박 $180 : 봉사료, 세금포함 / 회의기간 전후 2일간 동일요금)을 적용받게 된다.

02 숙박 운영

컨벤션 참가자들이 행사 기간 동안 체류할 수 있도록 숙박시설을 예약하고 관리하는 업무에 해당되는 숙박 부문은 모든 참가자들이 체류에 어려움이 없도록 충분한 객실을 확보하는 것이 중요하며 가능하면 다양한 수준의 숙박시설을 마련하여 참가자가 선택할 수 있는 여러 가지 옵션을 제공하는 것이 필요하다.

다양한 수준의 가격대 및 객실의 옵션을 구비한다면 참가자들에게 만족도를 높일 수 있는 요소가 된다.

숙박시설을 선정하면서 고려해야 하는 우선 시 되는 사항은 행사장과의 접근성으로 주 회의장과 가까운 숙박시설을 중심으로 선정한다면 참가자들이 편리하게 이동할 수 있게 된다.

컨벤션기획서에서 작성해야 하는 숙박파트는 숙박개요 / 숙박운영 콘셉트 / 숙박 업무흐름도 / 숙박시설 소개로 구성된다.

1) 숙박 개요

행사기간동안 참가자들에게 제공될 숙박 시설에 관한 기본 정보를 담고 있으며 숙박신청에 관련한 내용까지 한 눈에 알아볼 수 있도록 작성한다. 숙박기간은 행사 이틀 전부터 시작하여 행사가 끝나는 다음 날까지로 정하는 것이 일반적이다.

숙박 업무는 행사에 따라 컨벤션기획사가 등록접수 업무를 하는 경우도 있고 해당 호텔과의 업무 협조 하에 호텔에서 직접 접수를 진행하도록 운영하는 방법을 취하기도 한다. 참가자 규모가 매우 많은 경우에는 숙박만 전담으로 하는 Accommodation Bureau라는 전담 조직을 활용하기도 한다.

〈표 9〉 숙박개요 작성 사례

구분	내용
숙박기간	2020년 10월 13일~10월 18일
숙박호텔	• 그랜드인터컨티넨탈호텔 • 인터컨티넨탈호텔 코엑스 • 파크하얏트 • 신라스테이 삼성 • 이비스서울호텔
예약기간	2020년 4월 1일~9월 30일까지
신청접수방법	홈페이지, e-mail

2) 숙박운영 콘셉트

컨벤션 행사 참가자를 위한 숙박시설은 주 회의장에서 가까운 호텔로 선정하는 것이 일반적이다. 이동이 용이하며 다양한 수준의 호텔을 기획자가 마련한다면 참가자의 입장에서는 선택하는데 부담을 줄일 수 있다. 또한 경제적인 부분에 있어서도 합리적인 가격을 제안해 준다면 참가자들의 참여를 높이는 효과를 볼 수도 있다.

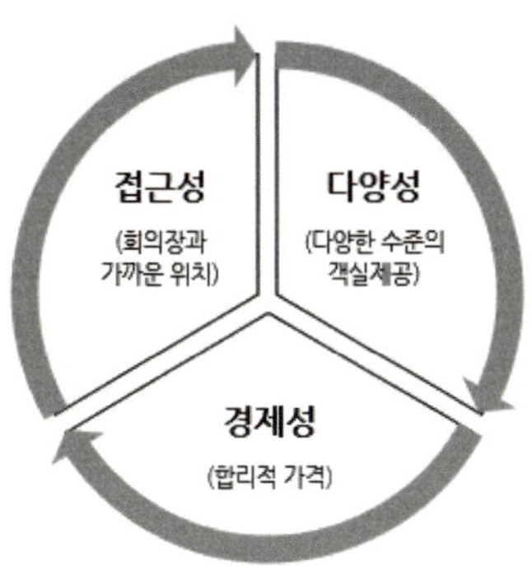

|그림 19| 숙박운영 콘셉트

3) 숙박업무 흐름도

숙박업무는 일반적으로 5단계로 운영된다.

1단계에서는 호텔조사단계로 필요한 객실 수는 충분한지 회의장과의 거리는 어느 정도인지 그리고 사용가능한 객실의 수량, 룸 타입, 객실가격 등을 조사하게 된다. 이러한 조사를 통해 수집된 정보들을 비교 검토하여 Main Hotel과 Sub호텔을 선정하는 작업이 2단계이다. 3단계에서는 객실을 Blocking한다. 객실 Blocking 블락킹은 사용하고자 하는 호텔과 계약을 체결하는 단계로 숙박 신청을 받아서 사용하지 않을 객실은 정리cut-off하는 절차를 거친다. 4단계에서는 선정된 호텔정보를 참가자들에게 알려주고 신청을 받는 단계이다. 행사에 따라서는 객실을 배정해 주는 경우도 있다. 마지막 5단계는 현장운영의 단계로 호텔을 예약한 참가자가 check-in 하여 행사기간 동안 숙박을 하고 행사를 마치고 check-out 할 때까지의 업무이다.

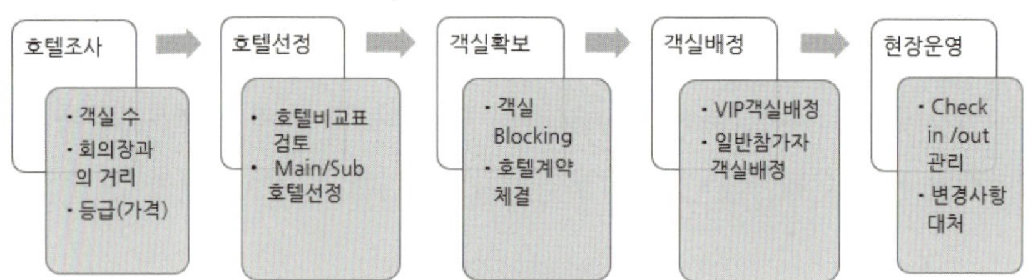

|그림 20| 숙박업무 흐름도

4) 숙박시설 소개

컨벤션기획서에는 행사 기간 동안에 사용하는 객실의 정보를 자세하게 나타낸다. 실제 운영에서는 호텔들의 사진과 행사장 간의 거리 등을 나타내는 것이 일반적인데 시험장에서는 인터넷사용이 금지되어 있기 때문에 사진의 활용이나 지도의 활용의 한계가 있다.

숙박시설의 소개는 개최되는 행사장 주변의 호텔들로 4~5개 정도 선정하여 작성한다. Main Hotel은 행사장에서 가장 가까운 곳으로 선정하고 가격은 실제 가격을 조사하여 작성할 수 없기 때문에 대략 5성급 호텔 기준 20~30만 원 정도로 배정하면 무난하다. 가격 작성 시 원화 표기나 US달러 둘 다 무방하다.

〈표 10〉 숙박시설 소개 사례

구분	등급	호텔명	가격	객실수	비고
Main Hotel	*****	그랜드인터컨티넨탈	$220 250,000원	150	도보 5분
Sub Hotel	*****	인터컨티넨탈 파르나스	$220 250,000원	150	도보 5분
	****	리베라호텔	$180 200,000원	100	차량 5분
	***	이비스 앰버서더 강남	$120 150,000원	80	도보10분
	***	신라스테이 삼성	$120 150,000원	80	도보10분

• 참고

도시별 숙박시설(부산)

구분	등급	호텔명	가격	예약가능객실 수
Main Hotel	*****	웨스틴조선호텔	200,000	150실
Sub Hotel	*****	파라다이스호텔	200,000	100실
	****	신라스테이 해운대	180,000	100실
	***	베니키아 프리미어	150,000	50실

도시별 숙박시설(제주)

구분	등급	호텔명	가격	예약가능객실 수
Main Hotel	*****	신라호텔	200,000	150실
Sub Hotel	*****	부영호텔	200,000	100실
	****	베스트웨스턴제주	180,000	100실
	***	파밀리아호텔	100,000	50실

도시별 숙박시설(대구)

구분	등급	호텔명	가격	예약가능객실 수
Main Hotel	*****	인터불고 호텔	200,000	150실
Sub Hotel	****	노보텔엠버서더	200,000	100실
	****	대구 그랜드	180,000	100실
	***	아리아나호텔	100,000	50실

도시별 숙박시설(대전)

구분	등급	호텔명	가격	예약가능객실 수
Main Hotel	****	롯데시티호텔	180,000	150실
Sub Hotel	****	호텔인터시티	150,000	100실
	***	유성호텔	120,000	100실
	***	호텔 ICC	100,000	50실

도시별 숙박시설(인천)

구분	등급	호텔명	가격	예약가능객실 수
Main Hotel	*****	파라다이스시티	200,000	150실
Sub Hotel	****	그랜드하얏트	180,000	100실
	****	베스트웨스턴프리미어	150,000	100실
	***	라마다송도	100,000	50실

도시별 숙박시설(경주)

구분	등급	호텔명	가격	객실수
Main Hotel	*****	라한셀렉트	$150 180,000원	200
Sub Hotel	****	힐튼경주	$150 180,000원	200
	***	더케이호텔	$100 120,000원	200
	***	코오롱호텔	$100 120,000원	200

도시별 숙박시설(수원)

구분	등급	호텔명	가격	객실수
Main Hotel	****	코트야드 메리어트수원	$200 220,000원	200
Sub Hotel	*****	라마다플라자 수원	$200 200,000원	200
	****	노보텔앰버서더	$200 200,000원	200
	***	라비돌리조트	$120 150,000원	200

Exercise

다음 조건에 맞도록 숙박에 관련된 기획서를 작성하시오.

〈조건〉

주최는 아마존 본사에서 하고 2025년 6월 3일(화)~5일(금) 3일 간 수원에서 개최한다. 본 행사의 참가자는 본사 및 해외지사 임직원 1,300명이고 동반자는 참가하지 않는다. 회의 공용어는 영어이며 조별 회의 및 분과 회의가 10회 진행된다.

....

....

....

....

03 회의 프로그램 설계 및 현장조성

회의부분은 개최되는 행사에 따라 업무가 조금씩 다를 수 있다.우선 용어에 있어서도 '회의'라는 용어와 '학술회의'라는 용어가 사용되는데 '회의'는 정부회의, 기업회의에서 많이 사용하는 용어라면 '학술회의'는 협회회의나 학술대회에서 자주 사용하는 편이다. 회의의 특성에 따라 여러 가지로 분류가 되지만, 본서에서는 컨벤션기획서를 작성하기 위한 회의 부분을 중심으로 좀 더 이해를 돕기 위해서 아래와 같이 설명하고자 한다. 우선 주최자(회의 주체)가 누구인지에 따른 분류로 정부회의 Government Agency Meeting, 기업회의Corporate Meeting, 협회회의Association Meeting, 비영리단체 회의Non-profit Organization Meeting를 들 수 있다.

기업회의Corporate Meeting는 기업의 경영진이나 직원들이 참가하는 회의로, 주주총회, 기업의 경영전략을 위한 회의, 판매 및 마케팅활성화를 위한 회의 그리고 직원들의 인센티브투어를 포함하고 있다. 2020년 이후로 컨벤션기획사 실기에 자주 출제되는 기업회의의 상당부분에서 주최는 글로벌기업(다국적기업)으로 직원들의 사기 진작 및 실적에 대한 보상 그리고 기업의 미래비전 제시를 목적으로 나타나고 있다. 이러한 회의의 경우에는 본사에서 전 세계에 퍼져 있는 임직원들을 모아서 개최를 하기 때문에 기본적인 회의 이외에 개최도시나 국가를 느낄 수 있는 사교행사나 관광프로그램 운영을 필수로 넣게 된다.

개최되는 회의에는 개회식Opening Ceremony, 총회General Session, 기조연설Keynote Speech, 특별강연Special Lecture, 전문가회의Technical Session, 워크숍Workshop, 폐회식Closing Ceremony 등이 운영될 수 있다.

협회회의Association Meeting는 특정한 분야에서 공동의 목표를 가진 사람들로 구성된 집단인 협회가 최신의 정보나 지식을 교환하고 협회회원들의 유대관계를 위한 네트워킹을 하기위해 개최하는 것이 목적이라고 할 수 있다. 전 세계적인 협회나 학회는 대륙을 순회하면서 개최하는 트렌드를 가지고 있고 개최도시나 장소는 회원들에게 매력적이고 그들이 선호하는 곳으로 정해질 수 있다.

협회회의의 구성은 기업회의와 크게 다르지 않지만 몇 가지 차이점이 있다. 기업회의와 동일하게 개회식Opening Ceremony, 총회General Session, 기조연설Keynote Speech, 특별강연Special Lecture, 전문가회의Technical Session, 워크숍Workshop, 폐회식Closing Ceremony이 운영되며 추가로 전시회를 같이 개최하는 경우가 자주 있고, 회원들의 논문발표 신청Call for paper을 받아 회의분과(학술분과) 위원회에서 발표자를 선정한 후 회의 일정표를 완성하는 프로세스를 거치게 된다. 발표를 희망하는 회원의 수가 많을 경우에는 구두발표oral speech시간이 외에 포스터세션poster session을 운영하기도 한다. 이 부분은 학술회의의 운영 프로세스이지만 협회회의의 회의 파트 구성에서도 활용 가능하다. 즉, 학술회의와 협회회의의 회의 파트에 해당하는 업무운영에 발표자료 접수 및 심사과정을 추가하게 된다.

정부회의Government Agency Meeting는 정부에서 주관하는 회의로 정상회의Summit, 장관급회의Ministerial Meeting 등이 해당된다. 정부주관 회의의 경우에도 회의의 구성은 큰 차이는 없지만 회의프로그램에 정상회의나 장관급회의가 운영이 된다는 점이 기업회의나 협회회의와의 차이점이라고 할 수 있다. 또한 회의장 선정에 있어서 VIP 대기실, 프레스 룸Press Room을 마련해야 하는 점은 유의해야 하는 부분이다.

다음은 회의업무에 관련된 기획서 작성에 필요한 부분들이다.

회의 개요 / 회의 운영 기본방향 및 콘셉트 / 회의 업무(학술업무) 흐름도 / 회의장 운영계획

1) 회의 개요

개최되는 컨벤션 행사의 회의파트의 개요로서 일시, 장소, 프로그램, 참가대상, 참가 규모 등을 서술한다.

구분	내용
일시	2020년 9월 6일~9월 9일
장소	제주 국제컨벤션센터 탐라홀, 한라홀, 삼다홀
주제	의학계의 연구와 치료의 국제화
회의 프로그램	특별강연 3회 심포지엄 자유연제발표 워크숍 포스터 세션
공식언어	영어
참가대상	의학연구학회 회원 및 비회원 연구원, 레지던트, 동반자
참가규모	내국인 400명, 외국인 600명

2) 회의 운영 방향 및 콘셉트

회의를 운영하기 위한 기본 방향이나 콘셉트를 작성하는 것으로 회의업무는 크게 3가지로 나눠진다.

첫 번째는 회의기획으로 참가자들이 만족할 만한 프로그램을 기획한다. 회의가 개최될 장소가 기획한 프로그램에 적합한 장소인지 확인하는 작업과 더불어 회의장 배치계획을 수립하고 도면을 작성하는 작업도 실시한다. 기획의 의도에 맞도록 초청연사를 선정하고 프로그램의 형식도 다양하게 구성한다. 두 번째는 논문관리 또는 발표자료 관리이다. 개최되는 회의의 형식이 논문 초록abstract을 접수하여 선정된 논문을 구두발표나 포스터 발표를 하는 형식인 경우와 초청연사의 발표로 구성되는 형식인지에 따라 용어는 달라질 수 있지만 대부분은 논문관리(발표자료)라고 통칭할 수 있다. 세 번째는 연사관리의 항목으로 발표자 관리라고도 할 수 있다. 행사장에서 발표하는 발표자의 발표일정 및 시간, 발표주제 및 자료 등을 관리하는 업무가 이에 해당된다.

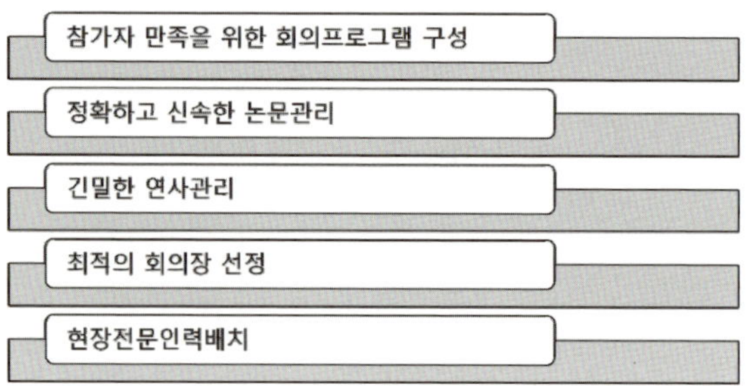

|그림 21| 회의 운영 방향

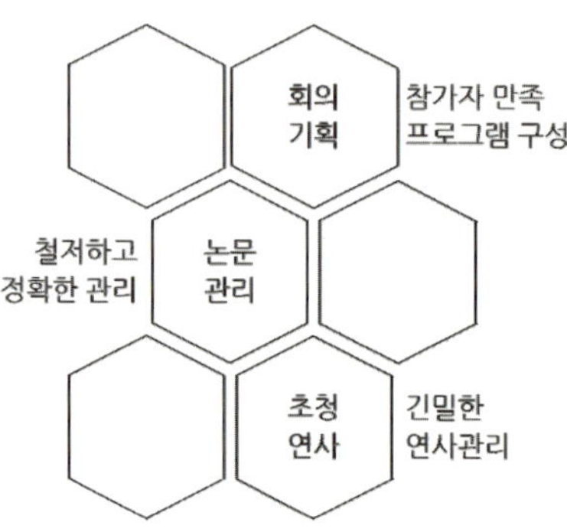

|그림 22| 회의 운영 콘셉트

3) 회의 업무 흐름도

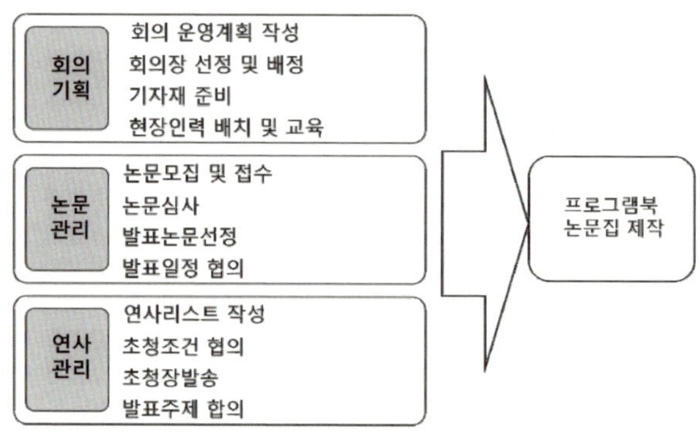

|그림 23| 회의 업무 흐름도

• 학술 업무 흐름도

개최하는 회의가 학술을 중심으로 운영되는 학술회의의 경우에는 회의업무 흐름도 보다는 학술 업무 흐름도라고 작성하는 것이 좋으며 아래처럼 학술위주의 업무를 배정하는 것이 좋다.

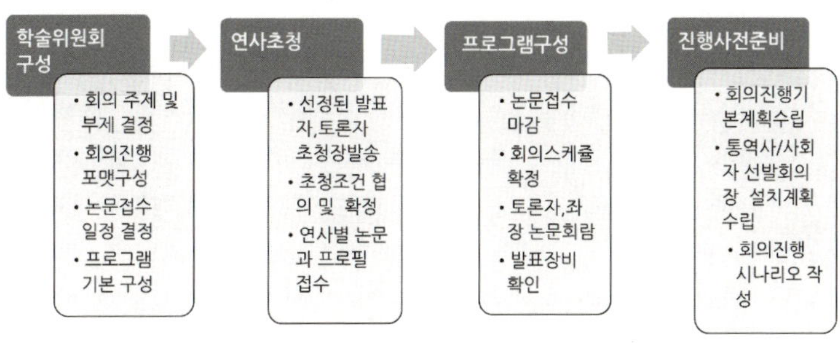

|그림 24| 학술 업무 흐름도

4) 회의장 운영계획 사례

회의명	일시	장소	참여인원	회의장인력배치	기자재
개회식	9월 6일 (15 : 00-16 : 00)	탐라홀(강의식)	1,000명	테크니션 3명 진행요원 4명	LED무대 / 유. 무선마이크 / 무전기 / 동시통역장비(부스 / 리시버) / 중계시스템 / 음향시스템
폐회식	9월 9일 (11 : 00-12 : 00)	탐라홀(강의식)	1,000명		
특별강연 I II II	9월 7일-9일 (09 : 00-11 : 00)	탐라홀 (강의식)	1,000명		
심포지엄I II	9월 7일 (13 : 00-16 : 00)	한라홀(강의식)	500명	테크니션 2명 진행요원 3명	노트북 / 프로젝터 / 스크린 / 유·무선마이크 / 무전기 / 동시통역장비(부스 / 리시버) / 음향시스템
전문가발표 I II	9월 8일 (13 : 00-17 : 00)	한라홀(강의식)	500명		
워크숍	9월 6일 (16 : 00-18 : 00)	삼다홀(강의식)	200명	테크니션 2명 진행요원 2명	
포스터세션	9월 7일-8일 (10 : 00-18 : 00)	전시홀		안내접수요원 2명	번호판 / 포스터판넬 등

• 주요참고 사항

*주요 컨벤션센터 회의시설

지역	컨벤션센터 명	회의시설 명
서울	COEX	그랜드볼룸, 오디토리움, 컨퍼런스룸
부산	BEXCO	컨벤션홀, 오디토리움, 컨퍼러스룸
대구	EXCO	그랜드볼룸, 컨벤션홀, 오디토리움
제주	ICC JEJU	탐라홀, 한라홀, 삼다홀, 영주홀, 백록홀
대전	DCC	그랜드볼룸, 컨퍼런스홀, 중회의실, 소회의실, 다목적홀
일산(고양)	KINTEX	그랜드볼룸, 이벤트홀, 통합회의실, 대회의실, 중회의실
인천	CONVENSIA	프리미어볼룸, 이벤트홀, 통합회의실, 대회의실, 중회의실
광주	KDJ김대중컨벤션센터	컨벤션홀, 중소회의실, 다목적홀
경주	HICO화백컨벤션센터	컨벤션홀, 중소회의실
수원	SCC수원컨벤션센터	컨벤션홀, 중소회의실

*논문관련 업무

아래의 논문 관련업무 흐름도는 영어서신 작성에도 도움이 되는 사항으로 숙지해 두시면 업무의 흐름을 이해하는데 도움이 된다.

*초청연사 업무 관련

기조연설자keynote speaker, 특별강연자special lecture 등 초청연사 관련업무 프로세스

초청연사 선정 ▶ 초청조건 협의 및 수락 ▶ 초청장 발송 ▶ 최종 수락 ▶ 발표주제 합의 ▶ 발표자료 접수 ▶ 항공, 숙박 등 Follow Up

Exercise

다음 조건에 맞는 회의부문 기획서를 작성하시오.

〈조 건〉

대한의학회에서는 2020년 9월 6일부터 9월 9일까지 4일간 제25차 국제의학연구학회 연차총회를 제주 국제 컨벤션센터에서 개최하려 한다. 대한의학회에서 주최하며, 주관 PCO사로는 ㈜한라산컨벤션서비스를 선정하였다.

본 대회에서 각국의 의학연구학회 외원은 물론 비회원 및 각 연구소의 연구원, 레지던트와 동반자들이 참가한다.

회의 공용어는 영어이며 내국인 400명, 외국인 600명이 참석할 예정으로 회의실은 탐라홀, 한라홀을 비롯한 대소 회의장을 사용할 것이다. 주요 행사로는 개. 폐회식, 3회의 특별강연, 심포지엄 및 자유연제 발표, 포스터 발표 및 상업전시회, 환영연, 한국의 밤, 환송연 등이 포함된다.

04 공식행사(개회식 및 폐회식)

컨벤션 행사의 공식행사로는 개회식, 폐회식이 있다.

행사의 첫 시작인 개회식은 모든 참가자가 참석하는 프로그램으로 주 회의장을 사용하는 경우가 많다. 개회식의 개최 시간은 첫날 오전인 경우가 많지만, 행사의 특성에 따라 오후에 진행하기도 하고 오찬이나 만찬을 겸해서 진행하기도 한다.

1) 개회식

(1) 개회식 구성

개회식 개요 / 개회식 운영 콘셉트 / 개회식 업무 흐름도 / 개회식 일정표 / Floor Plan

① 개회식 개요

구분	내용
일시	2020년 10월 15일 13 : 00~14 : 00
장소	코엑스 컨퍼런스룸
프로그램	개회사 환영사 축사 기조연설 축하공연
공식언어	영어, 한국어(동시통역 제공)
참가대상	세계PCO협회 회원 및 비회원
참가규모	내국인 300명, 외국인 700명

② 개회식 콘셉트

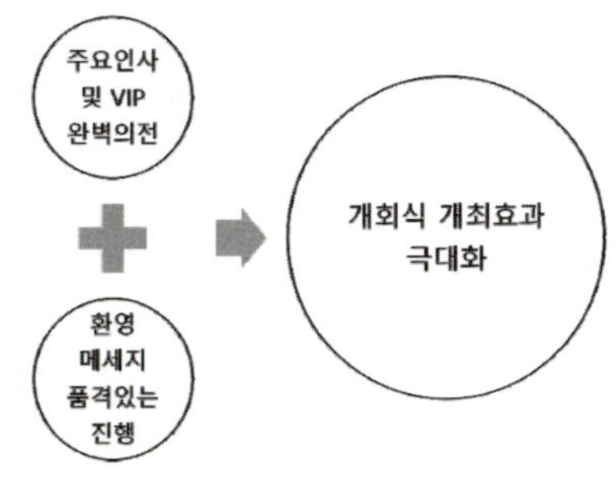

③ 개회식 업무 흐름도

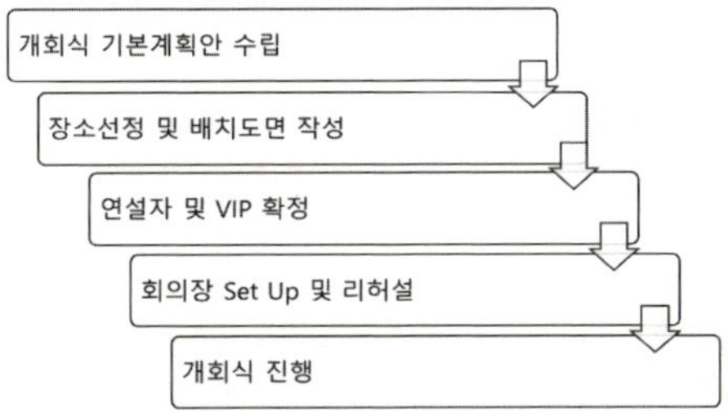

④ 개회식 일정표

시간	일정	내용
09 : 00~10 : 00	행사장 Set-up	• 무대, 기자재 장비 점검 • 운영요원 Stand-by
10 : 00~12 : 30	리허설	• 사회자 리허설 포함
12 : 30~13 : 00	참가자 입장 및 착석	• VIP 영접
13 : 00~13 : 01	사회자 인사	• 사회자
13 : 01~13 : 04	오프닝 영상상영	• 세계 PCO협회 서울총회 홍보영상
13 : 04~13 : 15	개회선언	• 한국 PCO협회장
13 : 15~13 : 20	환영사	• 세계 PCO 협회장
13 : 20~13 : 25	축사	• 문화체육관광부 장관
13 : 25~13 : 45	기조연설	• 사회자 소개로 입장(약력소개)
13 : 45~13 : 55	축하공연	• 대북타고
13 : 55~14 : 00	폐회	• 사회자 종료 및 총회 안내

⑤ 개회식 Floor plan

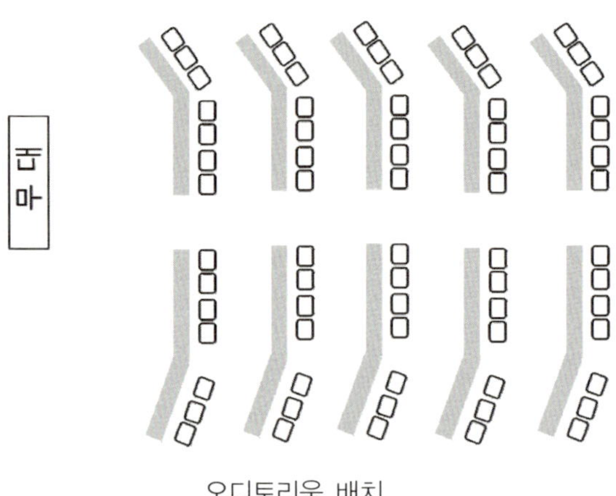

오디토리움 배치

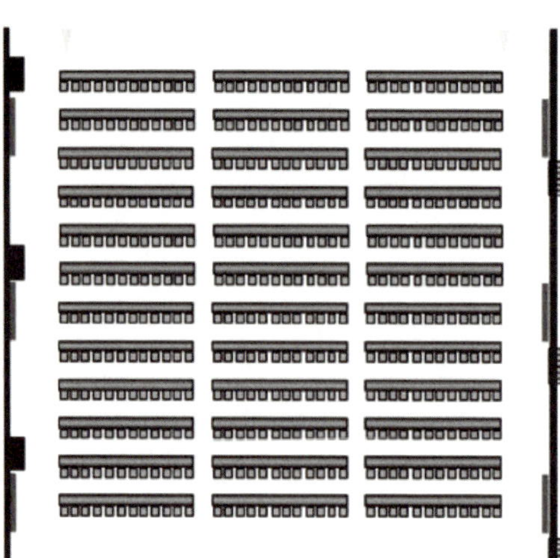

강의식 배치

2) 폐회식

(1) 폐회식 구성

개회식과 준비 및 운영 프로세스는 유사함. 단, 식순(일정표)작성에 유의가 필요함. 폐회식 개요 / 폐회식 운영 콘셉트 / 폐회식 업무 흐름도 / 폐회식 일정표 / Floor Plan

① 폐회식 개요(사례)

구분	내용
일시	2020년 9월 9일 11 : 00~12 : 00
장소	제주 국제컨벤션센터 탐라홀
프로그램 구성	행사 총평 및 성과보고, 시상 및 수상, 차기 개최국 인사, 폐회사
회의장 배치	연회식(1,000석)
공식언어	영어
참가규모	내국인 400명, 외국인 600명

② 폐회식 콘셉트

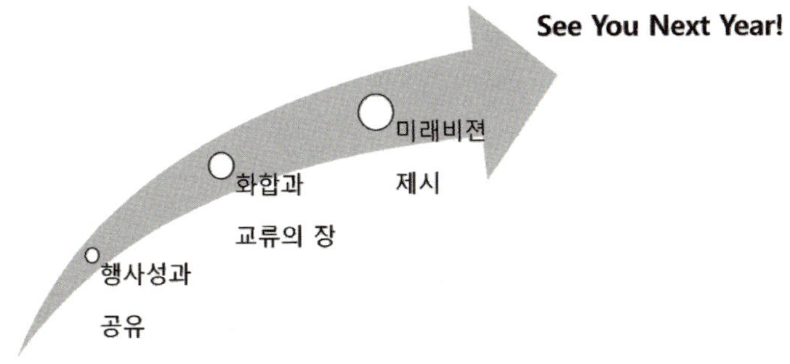

③ 폐회식 업무흐름도

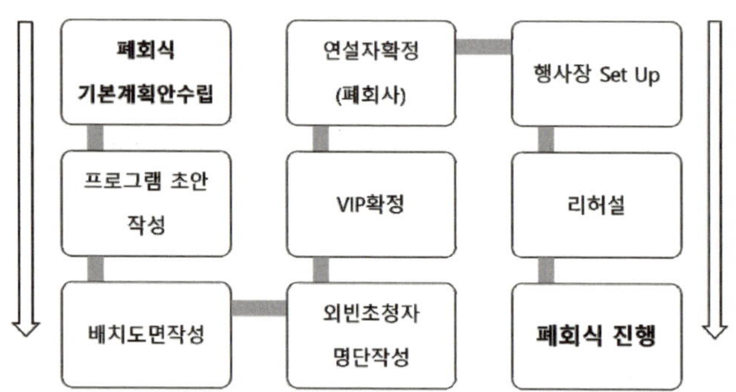

④ 폐회식 식순(일정표)

시간	일정	내용
09 : 00~10 : 00	행사장 Set-up	• 무대, 기자재 장비 점검 • 운영요원 Stand-by
10 : 00~10 : 50	리허설	• 사회자 리허설 포함
10 : 50~11 : 00	참가자 입장 및 착석	• 사회자 인사 및 프로그램 안내
11 : 00~11 : 10	폐회사 및 경과보고	• 대한의학회 회장
11 : 10~11 : 20	격려사	• 세계의학회 회장
11 : 20~11 : 35	시상식	
11 : 35~11 : 50	차기 개최지 소개	• 차기 개최국 조직위원장 • 홍보영상 상영
11 : 50~12 : 00	폐회선언	• 사회자 멘트

⑤ Floor Plan(연회식)

개최되는 시간이 식사를 제공해야하는 시간대라면 회의장 배치를 연회식으로 배치한다.

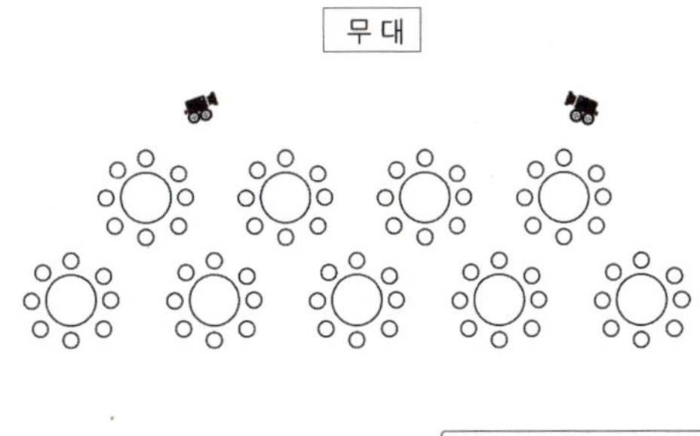

Exercise

다음 지시서를 읽고 개 · 폐회식 기획서를 작성하시오.

〈회의취지〉

2025년 G20회의 개최를 맞아 OECD 국토교통부 장관급 회의인 'OECD 국제교통협력회의'를 2024년 8월 7일부터 9일까지 3일간 서울 명동 롯데호텔에서 개최한다. 대한민국은 G20 의장국으로 1년간 "끊임없는 연결"이라는 주제로 논의를 이끌어 왔고, 이번 회의에서는 "통합을 위한 연결"이라는 주제로 회원국들 간의 교통 연결을 통한 통합을 논의할 예정이다.

〈조건〉

35개 OECD 회원국 국토교통부 장관급 1명과 정부 대표 2명이 각각 공식적으로 초청되며, 이 외에 정부 및 공공 기관에서 300명, 민간기관, 언론분야 등에서 350명 등 총 650명의 사람들이 참석할 예정이다. 주최는 국토교통부이며 주관은 서울에 위치한 드림 PCO이다.
첫날에는 오전 9시에 개회식, 오전에는 전체회의, 오후에는 소규모 분과회의가 열리고 저녁에는 환영만찬이 있다. 마지막 날에는 폐회식과 환송오찬이 열린다.

〈참고사항〉

참고로 전체회의 및 개폐회식은 롯데호텔 크리스탈 볼룸에서 개최하며, 분과회의 및 양자회의는 일반 회의실에서 개최한다.

05 사교행사(식음료 관리)

컨벤션기획사는 전체 일정에 적합한 사교행사의 형태를 정하고, 참가자에게 만족스러운 식음료와 사교프로그램을 제공하여야 한다. 세계 각국에서 참석한 컨벤션참가자들에게 제공되는 사교행사는 개최지역의 전통음식과 문화를 보여주는 공연들을 관람할 수 있는 기회로, 참가자들에게 즐거움과 그 지역의 매력을 느낄 수 있도록 하는 프로그램이다.

사교행사는 일반적으로 환영 리셉션Welcome Reception과 환송만찬Farewell Dinner을 기본으로 진행하고 갈라디너Gala Dinner 또는 한국의 밤Korean Night 같은 특별한 만찬을 추가하기도 한다.

세계 여러 나라에서 참가자들이 참석하기 때문에 종교적 이유로 특별한 음식이 금기 시 되는 메뉴도 있고, 건강상의 문제로 특별한 메뉴를 요구하는 참가자들도 있다. 이런 주문사항을 등록접수 시에 파악하여 식음료 담당자와 메뉴 선정 시 충분한 검토를 하는 등 주의를 기울여야 한다.

1) 환영연Welcome Reception

한국어와 영어가 혼재되어 환영리셉션이라는 용어로 자주 사용되는 환영연은 말 그대로 컨벤션에 참석한 참가자들이 처음으로 만나 인사를 나누는 프로그램으로 리셉션이라는 용어의 의미에서처럼 환영의 의미로 제공된다. 환영연은 대체적으로 가볍고 간단하게 프로그램을 마무리하는 편이다.

(1) 식사

환영리셉션의 식사는 스텐딩뷔페Standing Buffet의 형식을 취하는 경우가 많다. 회의장 내 이동이 자유롭고 부담 없이 환담을 나눌 수 있어서 참가자들이 교류하기에

좋은 스타일이다. 때로는 칵테일파티의 형식을 취하기도 한다. 음료가 중심이 되고 안주 정도의 가벼운 식사가 제공되는 형식으로 격식 없이 편안하게 퇴장이 가능하다.

(2) 공연

환영의 의미를 담은 동영상을 연출하기도 하고, 한국적인 공연으로 시선을 끌 수도 있다. 하지만 컨벤션 일정 내 '갈라디너' 또는 '한국의 밤' 같은 행사가 정해져 있다면 환영연에서의 공연은 생략해도 무방하다.

(3) 장소선정

환영리셉션은 주 회의장과 동일한 건물에서 진행하는 것이 좋다. 단, 주의할 점은 다음날 회의장의 세팅과 리허설 시간을 고려하여 주 회의장과 동일한 장소를 사용하는 것은 주의가 필요하다.

(4) 식순

개회사 / 환영사 / 축사 / 축하공연 / 식사 / 폐회

Annual Meeting 2022
WORLD ECONOMIC FORUM
Forum Live
Radio Davos
XINHUA NEWS

2) 갈라디너Gala Dinner

사교행사 중 가장 비중이 있는 행사로, 갈라디너는 공연프로그램이 운영되고 정찬의 세트메뉴가 제공된다. 프로그램의 특성에 따라 한국의 밤Korean Night의 콘셉트로 운영되기도 한다. 갈라디너는 유료행사로 참가자를 한정하기도 한다.

(1) 식사

갈라디너에서 제공되는 식사는 정찬Dinner의 코스요리로 격식 있고 품위 있는 자리로 식사의 풍미를 느낄 수 있도록 한다. 그리고 개최지의 문화가 담긴 대표적 음식을 제공하게 되는데 대표적으로 건배주는 전통주를 선택하고 우리나라의 궁중음식인 신선로를 포함한 갈비찜, 밥과 장국, 수정과 등이 구성될 수 있다.

(2) 공연

한국의 밤의 테마로 진행된다면 우리나라 전통공연을 중심으로 프로그램을 구성하고 K-POP공연도 해외 참가자들이 선호하는 경향이 있으므로 참가자의 성향을 고려하여 프로그램을 짜는 것이 필요하다.

(3) 장소선정

환영 리셉션과는 달리 갈라디너 형식의 사교행사는 주 회의장은 피하는 것이 좋다. 한국적인 건물을 가지고 있는 장소나 계절성을 고려하여 야외행사도 추천할 만하다. 개최지만의 유니크한 장소를 활용하여 참가자들에게 홍보할 수 있는 기회를 줄 수 있다. 다만 수송의 번거로움은 있지만 회의 기간 내 동일한 장소에서 머물기보다는 독특하고 매력적인 장소로 이동하여 식사와 공연을 즐기게 된다면 참가자들에게 색다른 감동을 제공하는 기회가 된다.

(4) 식순

칵테일 리셉션 / 환영사 / 건배제의 / 축사 / 만찬(한정식 코스) / 한국전통공연(소고춤 / 부채춤 / 민요합창) / K-POP 콘서트 / 폐회

3) 환송연Farewell Dinner

컨벤션의 마무리시점에 진행되는 마지막 식사시간으로 회의진행 결과를 마무리하며 다음 차기 개최국에서 다시 만날 것을 기약하는 자리이다.

(1) 식사

환송연에서는 양식코스요리를 추천한다. 앞서 두 번의 만찬 식사 중 한번은 뷔페였고 한번은 한정식 코스요리였다면 마지막 식사는 글로벌 스텐다드라고 할 수 있는 양식코스요리를 제공하는 것도 좋다. 단, 채식주의자나 특이식성의 참가자를 고려한 대안의 식사는 마련해 두어야 한다.

(2) 공연

환송의 의미로 컨벤션기간동안의 모습을 담은 기록형태의 동영상을 연출하기도 하고 석별의 아쉬움을 표현하는 공연을 프로그램에 넣기도 한다.

(3) 장소선정

회의가 마지막으로 끝나는 장소에서 가까운 곳에서 진행하는 것이 좋지만 컨벤션 전체 성격과 특성에 따라 선정하도록 한다.

(4) 식순

칵테일리셉션 / 경과보고 / 감사의 인사 / 환송사 / 만찬(양정식코스) / 폐회

LMCE KSLM
2016 &
LMCE
2016
KSLM

4) 사교행사 기획서 구성

사교행사 개요 / 사교행사 운영 콘셉트 / 환영연 개요 / 환영연 Floor Plan / 갈라디너(한국의 밤) 개요 / 갈라디너 Floor Plan / 환송연 개요

(1) 사교행사 개요

구분	내용		
일시	2025년 11월9일~11일 18 : 00-21 : 00		
행사명	환영연	한국의 밤	환송연
장소	송도 컨벤시아 프리미어볼룸	경원재 앰베서더 야외연회장	파라다이스시티 그랜드볼룸
프로그램	개회사 / 환영사 / 축사 / 건배제의 / 식사 / 축하공연		
참가대상	초청인사, 회의 참가자, 관련인사		
참가규모	500명		

(2) 사교행사 운영콘셉트

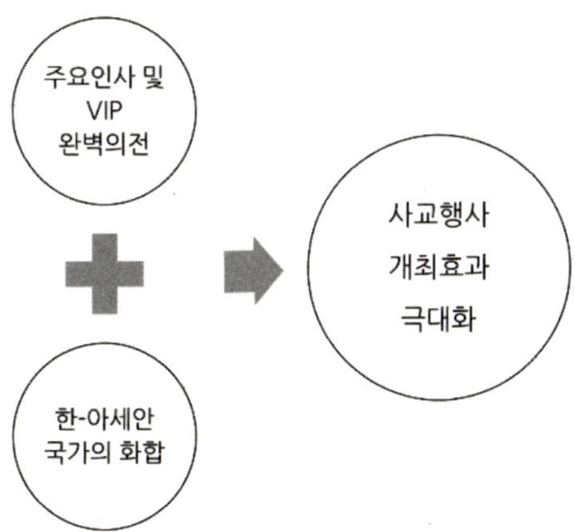

(3) 환영연 개요

행사명	2020 한-아세안 스마트시티 협력회의 환영연
일 시	2020년 11월 9일 18 : 00~20 : 00
장 소	송도 컨벤시아 프리미어 볼룸
목 적	회의 참석자들에 대한 환영의 장 성공적인 회의 개최를 위한 기원 참석자들의 화합과 교류증진 확대
프로그램	칵테일 리셉션 개회사 / 환영사 / 축사 / 축하공연 / 식사 / 폐회
식사메뉴	스탠딩 뷔페
공 연	대북 타고 공연

(4) 환영연floor plan

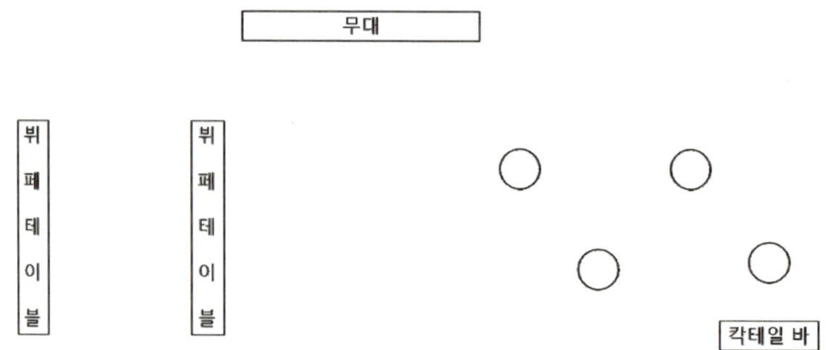

(5) 갈라디너(한국의 밤 개요)

행사명	2020 한－아세안 스마트시티 협력회의 한국의 밤
일 시	2020년 11월 10일 18：00~21：00
장 소	경원재 앰버서더 인천 야외연회장
목 적	세계 속의 한국을 알리는 기회 한-아세안 국가들의 화합의 장
프로그램	칵테일 리셉션 환영사 / 건배제의 / 축사 / 축하공연 / 식사 / 폐회
식사메뉴	한정식 세트메뉴
공 연	한국전통공연 / K-POP 공연 / 아세안 국가 민요합창
이 동	수송차량 대기

(6) 갈라디너Floor plan

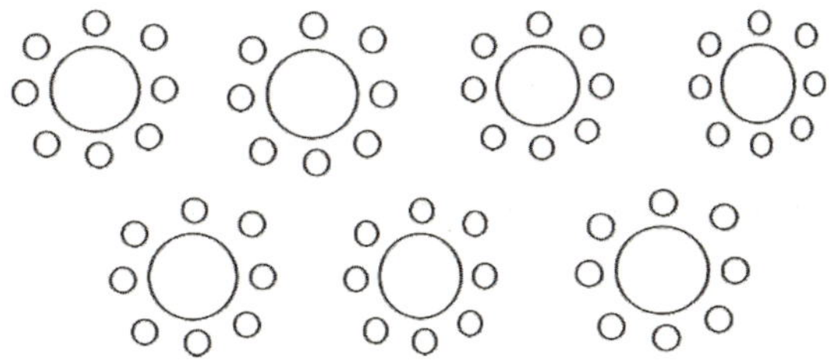

(7) 환송연 개요

행사명	2020 한-아세안 스마트시티 협력회의 환송연
일 시	2020년 11월 11일 18 : 00~21 : 00
장 소	파라다이스 시티 그랜드볼룸
목 적	성공적인 행사를 마무리하는 장 차기 개최지에서 다시 만날 기약을 하는 장
프로그램	칵테일 리셉션 경과보고 / 감사의 인사 / 축사 / 환송사 / 식사 / 폐회
식사메뉴	양정식 세트 메뉴
공 연	차기 개최국 홍보공연
이 동	수송차량 대기

Exercise

다음 조건을 읽고 사교행사 기획서를 작성하시오.

〈조건〉

2025한-아세안 스마트시티 협력회의의 주최는 국토교통부이고 오는 2025년 10월 9일(월)~12일(수) 4일 간 경주에서 개최된다. 본 행사는 외교부, 신남방정책특별위원회가 후원을 하며 행사를 진행하기 위해 PCO는 ㈜신라컨벤션서비스가 선정되었다.

참가자는 10개국의 장관 및 부처담당자, 관련기관 및 단체, 관련기업, 연구자 등이 참석한다. 총참가 인원은 국내 500명, 국외 500명이며 회의공용어는 영어를 사용한다. 공식행사로 개회식과 폐회식이 진행되며 장관회의와 특별강연이 2회 진행된다. 전문가 발표가 이틀간 3회 진행되며 소규모 분과회의가 4회 예정 되어있다.

아세안 국가대표들의 사무실이 운영되며 공식관광이 1회 진행된다.

〈참고사항〉

본 행사는 스마트시티 관련 전시회가 개최되며, 환영연, 갈라디너, 환송연의 사교행사가 운영된다.

06 의전(영접) 및 수송

1. 의전

개인 간에 지켜야 할 도리를 예의etiquette라 한다면 국가 간 또는 단체 간에 지켜야 하는 예의를 의전protocol이라고 한다. 대한민국의 국가의전은 행정안전부에서 발간하는 <정부의전편람>, <국제협력실무 매뉴얼>에 나와 있으며, 여기에는 국가상징, 정부의 의전기준 및 절차, 국가의 경축 기념행사, 국무회의 및 차관회의 운영 등의 내용이 수록되어 있다. 이는 정부회의를 진행할 경우 숙지해 두면 도움이 되는 부분이라 하겠다. 이외의 기업회의나 협회회의의 경우에는 이러한 의전의 형식을 취하지는 않지만 세계 각국에서 한국을 방문하는 컨벤션 참가자들에게 격식 있는 영접과 영송서비스를 제공하는 것은 컨벤션기획사의 업무 중 하나이다.

1) 정부회의 의전계획 수립 시 고려사항

- 의전계획 : 세부 의전 계획을 수립하고 VIP일정관리 및 영접계획 수립(의전 수행인력관리 및 통제 실시)
- 일정관리 : VIP의 각 행사 참석 여부, 동반자 여부 확인 후 영접장소 파악 및 점검실시
- 동선관리 : VIP의 안전을 위해 별도의 동선 고려. VIP실, 차량이동, 승하차 장소 동선 파악
- 협조체계 구축 : 주최 측, 공항, 법무부, VIP국 주재 대사관, 관계기관 등 사전 협조체계 구축

2) 의전(영접) 컨벤션기획서 구성

의전(영접) 관련 컨벤션기획서는 의전(영접) 기본방향 및 운영전략 / 의전(영접)의 기본방향 / 의전(영접)운영전략 / 의전(영접)운영개요 / 의전(영접. 영송) 업무흐름도로 구성된다.

(1) 의전(영접)의 기본방향 및 운영전략

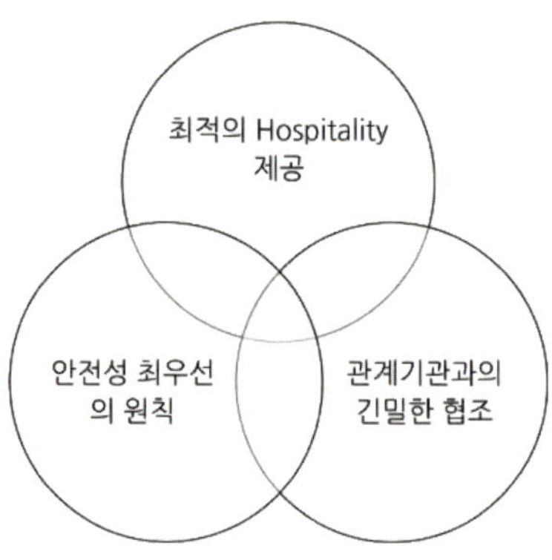

(2) 의전(영접) 운영전략

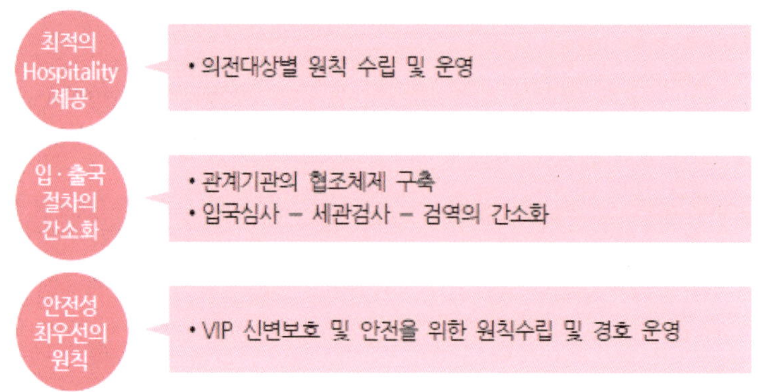

(3) 의전(영접) 운영개요

운영기간	2020년 9월 5일~9일(5일간)	
장 소	김해공항 / 행사장 / 호텔	
대 상	VIP(고위급)	일반참가자
공 항	전용 입국심사대 제공 전용 세관검색대 제공 의전차량제공 전담 의전요원배치 공항귀빈실 사용	수송차량 제공 필요시 의전 및 안전요원 지원
행사장	VIP 좌석 배치 의전요원 안내 대기실 활용	필요시 의전 및 안전요원 지원

(4) 의전(영접·영송) 업무흐름도

VIP 참가자	일반 참가자
VIP 항공일정 확인	공항 안내데스크 신청
VIP 의전협조공문 발송	공항 현장운영계획 수립
CIQ 출입증 신청	영접요원 확보 및 교육
차량번호 및 기사연락처 의전실 접수	참가자에게 영접 안내공지
공항귀빈실 사용신청	공항안내데스크 설치
실행	실행

2. 수송

수송 업무는 영접과 관광프로그램에서 진행되는 것으로 본 장에서는 영접에 해당하는 수송을 중심으로 소개한다.

수송의 대표적인 업무는 공항에서 회의장 간 이동과 호텔에서 회의장 그리고 회의장에서 외부행사장 간의 이동 시 운영되는 업무이다. 관광에 해당되는 수송은 관광파트에서 소개하도록 한다.

공항에서 회의장까지의 수송은 VIP 수송과 일반참가자의 수송으로 분류되며 VIP의 경우에는 특별차량이 마련되어 이동하는 경우가 상당한 비율을 차지하며 일반참가자의 경우 셔틀버스를 이용하도록 준비한다.

참가자의 공항 도착시간에 따라 일정시간 배정하여 셔틀버스를 운영해 주는 서비스는 컨벤션 참가자들에게 행사의 첫 인상을 좋게 해 줄 수 있다.장시간 여행으로 지친 참가자에게 조금이나마 불편을 덜어주게 되고 시작을 순조롭게 할 수 있도록 도움이 된다.

(1) 수송운영 개요

구분	공항수송	행사장수송
운영기간	2025년 9월5일-9일 / 5일간 08 : 00-20 : 00	2025년 6일-8일 08 : 00-10 : 00 17 : 00-21 : 00
노선	공항-호텔	COEX-호텔 간(5개호텔)
셔틀운영	45인승 5대 (1시간 간격)	45인승버스 5대 (15분 간격 운영)

(2) 회의장-외부행사 간 수송 운영

컨벤션에서의 수송은 주 회의장 이외에서 개최되는 이벤트에 참석하기 위해서도 필요하다. 충분한 숫자의 차양준비, 운송코스, 이동시간을 각별히 신경 써서 배차에 신경을 써야 한다. 특히, 교통체증 시간과 구간은 가능하면 피해서 운영하며, VIP 의전에 필요한 장관급 이상의 수송은 경찰의 협조를 요청하여 신호등 조정 및 차량 호위 서비스를 받도록 한다.

Exercise

아래 조건을 읽고 의전(영접)및 수송 기획서를 작성하시오.

<조건>
2025년 G20 회의개최를 맞아 OECD 국토교통부장관급회의인 'OECD 국제교통협력회의'를 2024년 8월 7일부터 9일까지 3일간 서울 명동롯데호텔에서 개최한다.
35개 OECD 회원국 국토교통부 장관급 1명과 정부 대표 2명이 각각 공식적으로 초청되며, 이외에 정부 및 공공 기관에서 300명, 민간기관, 언론분야 등에서 350명 등 총 650명의 사람들이 참석할 예정이다. 주최는 국토교통부이며 주관은 서울에 위치한 드림 PCO이다.
첫날에는 오전 9시에 개회식, 오전에는 전체회의, 오후에는 소규모 분과회의가 열리고 저녁에는 환영만찬이 있다. 마지막 날에는 폐회식과 환송오찬이 열린다.

07 관광

컨벤션은 국제회의, 전시, 이벤트가 수반되고 있으며 특히 협회회의나 학술회의의 경우는 단순한 회의 참가 목적보다는 여가와 휴가를 즐기려는 경향이 강해지고 있다. 다국적기업이 주최하는 기업회의 경우도 참가자들에게 개최도시의 매력을 느낄 수 있는 프로그램을 선호하는 편이다.

컨벤션에서의 관광은 일반 관광과는 달리 컨벤션 개최지역의 역사, 문화를 소개하고 참가자들에게 회의와 관련된 기관이나 기업체를 방문하는 등의 심도 깊은 프로그램을 제공한다. 또한 동반자로 참석한 참가자들을 위해 다양한 체험프로그램을 준비하여 운영하기도 한다.

1. 관광프로그램의 종류

- 사전관광Pre-Conference Tour
- 사후관광Post-Conference Tour
- 행사 개최 기간 중 일일관광 또는 반일 관광Excursion
- 동반자 관광Accompany Person's Program
- 산업시찰 관광Technical Tour

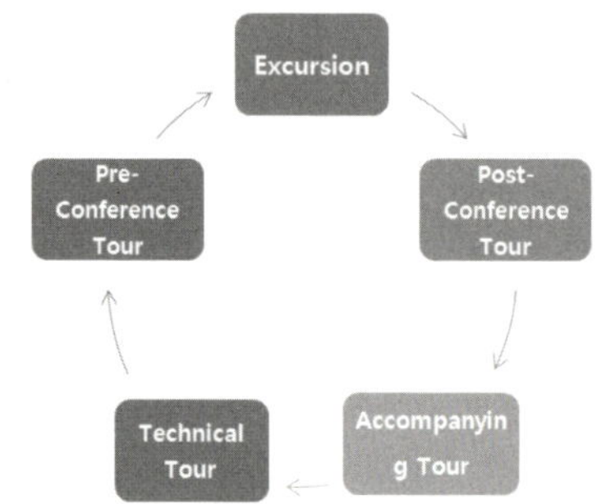

1) 관광 컨벤션기획서 구성

관광운영개요 / 관광콘셉트 / 관광업무흐름도 / 관광일정표

(1) 관광운영 개요

구분	내용
일 시	2020년 9월 9일(13 : 00~20 : 00)
장 소	1코스 : 성산일출봉 2코스 : 귤농장, 녹차박물관 3코스 : 제주박물관, 선사유적지
주 제	힐링, 역사, 천연자원, 웰빙
비 용	각 코스별 50$
제공사항	버스, 전문가이드(영어), 입장료, 저녁식사
최소인원	프로그램별 20명
비 고	*우천 시 프로그램은 변경 가능합니다.

(2) 관광 콘셉트

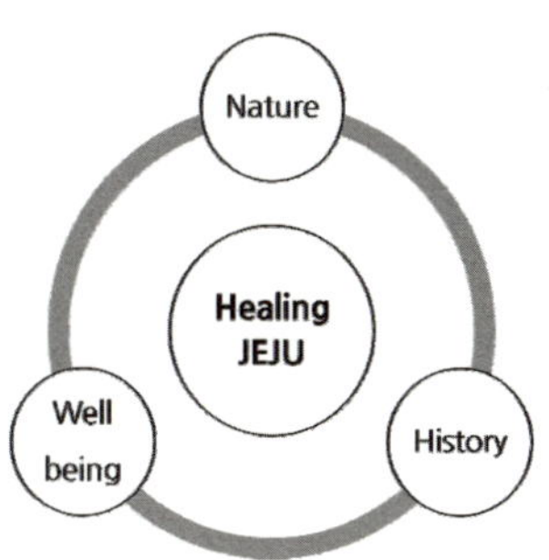

관광 콘셉트(서울 / 부산) 사례

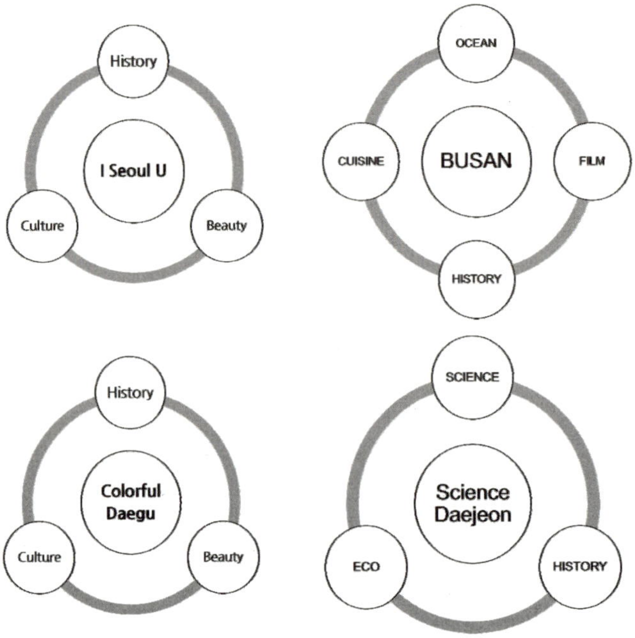

I Seoul U: History, Culture, Beauty

BUSAN: OCEAN, FILM, HISTORY, CUISINE

Colorful Daegu: History, Culture, Beauty

Science Daejeon: SCIENCE, ECO, HISTORY

(3) 관광업무 흐름도

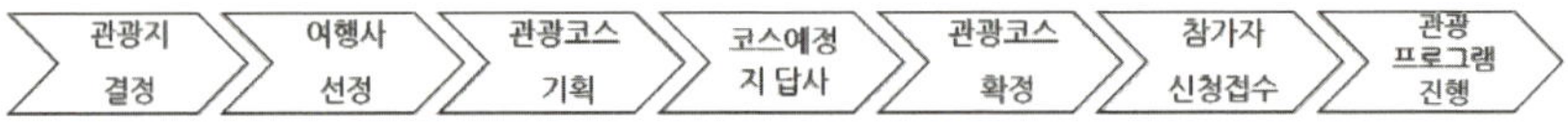

관광지 결정 → 여행사 선정 → 관광코스 기획 → 코스예정지 답사 → 관광코스 확정 → 참가자 신청접수 → 관광 프로그램 진행

(4) 관광 일정표

주제	시간	일정	가격	비고
Nature	9월 9일 (13 : 00~20 : 00)	성산일출봉, 천지연폭포, 용암동굴	$50	최소인원 20명 버스, 가이드, 저녁식사 제공
Wellbeing		귤 농장, 사려니숲길, 녹차박물관		
History		제주박물관, 선사유적지		

*도시별 대표적 관광지

서울(코엑스)	남산, 명동, 경복궁, 인사동, 청계천, 코엑스, 롯데타워, 남대문시장
부산(벡스코)	해운대, 광안대교, 동백섬, 태종대, UN기념공원, 국제시장
제주(ICC Jeju)	주상절리, 천지연폭포, 성산일출봉, 감귤박물관
대전DCC	한밭수목원, 엑스포과학공원, 장태산휴양림, 중앙과학관, 오월드
대구(엑스코)	팔공산, 대구수목원, 강정고령보, 반야월연꽃테마파크
일산(KINTEX)	행주산성, 헤이리예술마을, 호수공원, 라페스타쇼핑몰
인천(컨벤시아)	월미도, 소래포구, 무의도, 강화역사관, 인천대교전망대
광주(KDJ)	백양사, 소쇄원, 광주예술의 거리, 무등산, 사직공원
경주(하이코)	불국사, 남산, 대릉원, 동궁과 월지
수원(SCC)	수원화성, 팔달문, 수원화성박물관, 일월저수지

*2021년부터 출제된 관광관련 문제들은 문화체험 / 역사 / 관광이라는 테마를 지정해 주고 있다.

Exercise

다음 조건에 맞는 관광기획서를 작성하시오.

〈조건〉

한국의학회에서는 2026년 9월 6일부터 9월 9일까지 4일간 제30차 국제의학연구학회 연차총회를 경주 컨벤션센터에서 개최하려 한다.

한국의학회에서 주최하며, 주관 PCO사로는 ㈜신라벤션서비스를 선정하였다.

본 대회에서 각국의 의학연구학회 외원은 물론 비회원 및 각 연구소의 연구원, 레지던트와 동반자들이 참가한다. 회의 공용어는 영어이며 내국인 400명, 외국인 600명이 참석할 예정이다.

08 회의홍보 및 마케팅

컨벤션을 개최하기 위해 진행되는 홍보나 마케팅의 대상은 참가자, 전시기업, 후원기업들이 해당된다. 성공적으로 행사를 진행하기 위해서 참가자들을 유치하고 전시회가 있는 경우에는 전시회에 참가하는 전시업체(기업)에 관련한 홍보를 진행하며 참가자의 등록비만으로 운영을 하는 것이 아니라, 후원이나 협찬이 필요한 행사라면 이러한 단체에 홍보를 펼치는 것은 중요하다. 대외적으로 불특정 다수에게 개최되는 행사를 알리는 경우보다는 컨벤션은 관련 있는 해당인이나 단체를 타깃으로 진행한다. 만약 대 국민 또는 전 세계에 컨벤션 개최를 알릴 필요가 있다면 대중적인 언론매체를 활용하여 광고나 보도기사, 특집방송 등을 진행하기도 한다.

컨벤션의 홍보 및 마케팅은 일반적으로 회의 개최 전, 회의 개최 중 그리고 회의가 끝난 후의 3단계로 구성된다.

홍보 및 마케팅 분야의 컨벤션기획서 작성에는 홍보 및 마케팅 개요, 콘셉트, 대상별 홍보전략, 단계별 홍보 전략, 홍보수단 등이 수록된다.

홍보기간은 작성하고자 하는 컨벤션의 개최 시기를 고려하여 최대 1년 전부터 진행을 하고 행사 후 3개월 정도를 배정하는 것이 무난하다.

1. 홍보 마케팅 컨벤션기획서 구성

홍보(마케팅 개요) / 홍보콘셉트 / 대상별 홍보전략 / 단계별 홍보전략 / 홍보수단

1) 홍보 개요

홍보목표
- 국내외적으로 행사의 개최를 알림
- 주최자의 위상제고
- 참가자 확대 및 증대

홍보기간
- 행사 전: 2019년 9월~2020년 8월
- 행사 중: 2020년9월6일~9월8일
- 행사 후: 2020년 9월10일~12월

홍보대상
- 국내외 회원 및 비회원
- 예상참가자
- 후원 및 협찬단체

2) 홍보 콘셉트

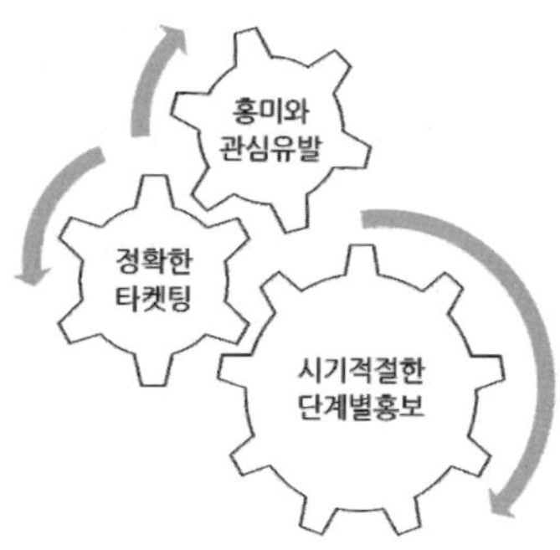

3) 대상별 홍보전략

국내외 회원	예상참가자 (비회원)	후원 및 협찬사
• 온라인 홍보(e-DM) • 견차대회 홍보 • 보도기사 • 기자간담회	• 초청연사 인터뷰 • 연사 시리즈물 배포 • 특집기사	• 홈페이지 로고 노출 • 자료집 광고 • 후원 및 협찬 설명회

4) 단계별 홍보전략

5) 홍보 수단

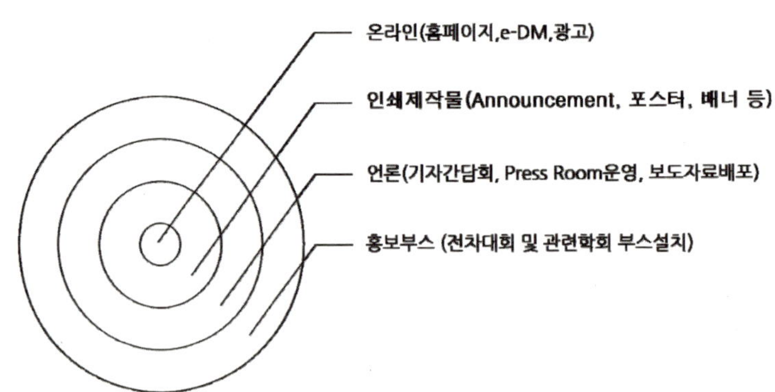

참고 : 미디어 채널

구분	온라인 미디어 채널	오프라인 미디어 채널
국내	• 공식 홈페이지 • 블로그 / 페이스북 / 유튜브 • 키워드 / 배너광고 • 유관단체 및 협회, 기업 홈페이지 • 정부부처 홈페이지	• 기자간담회 • 옥외 전광판 • 항공사 기내지 • 호텔내 비치된 잡지 • 방송홍보
국외	• 뉴스레터 • 주한대사관 홈페이지 • SNS 채널	• 해외 기자 초청 간담회 • 기내지 및 호텔잡지 • 해외 진출 국내 기업연결 • 유학생 리포터 활용 • 해외방송

Exercise

다음 조건을 읽고 홍보기획서를 작성하시오.

<회의취지>

문화예술의 인적교류와 학문적 교류를 통하여 문화예술의 질적 향상을 도모하고,
한국문화예술의 세계시장의 진출을 도모하고자 2024 국제문화예술 심포지엄이 개최될 예정이다.

<조건>

한국문화예술협회에서는 2024년 10월 6일부터 10월 8일까지 3일간 2024 국제문화예술 심포지엄을 부산 BEXCO에서 개최할 예정이다. 본 행사는 한국문화예술협회에서 주최하며, 주관사 PCO 사로는 ㈜부산컨벤션을 선정하였다. 참석자로는 협회 회원은 물론, 비회원, 대학원생, 예술 종사자 등 내국인 500명과 외국인 500명이 참석할 예정이다.

09 전시회 기획 및 운영

컨벤션 개최 시 부대행사로 진행되는 전시회는 개최되는 컨벤션의 주제를 설명할 수 있는 기업, 산업군, 연구기관 등의 전시품을 전시함으로 참가자들의 참여를 유도할 수 있는 마케팅 툴로도 자주 활용되고 있다. 즉, 해당 컨벤션 참가자를 위한 전시회로 운영되는 경우가 많지만 산업의 홍보를 위해서 일반인들에게도 개방하기도 한다.

1. 전시회의 구성요소

- 전시 주최자 : 전시회를 기획하여 전시 참가업체와 참관객을 모으고 전시회의 모든 진행을 맡아 전반적인 업무를 관리한다. 전시 주최자는 정부 혹은 산하단체, 협회 또는 언론기관 및 개인이나 기업 등 다양하며 컨벤션행사 전시회의 주최자는 컨벤션 주최자가 된다.
- 전시 참가업체 : 행사 주제와 관련된 상품이나 제품, 기술, 서비스를 가지고 있는 기업, 단체, 연구소 등등을 의미한다.
- 참관객 : 전시회를 통해 구매 상담이나 문의, 시장조사, 정보획득 및 교류 등을 하려는 이들로 컨벤션행사의 참가자들이 이에 해당된다.
- 전시 컨벤션센터 : 컨벤션의 개최장소가 되는 곳으로 컨벤션센터에는 회의실, 전시실, 이벤트시설 그리고 부대시설들로 이루어져 있다.

2. 전시회 기획서 작성

1) 전시회 개요

행사명	2020 한-아세안 스마트시티 전시회
기 간	2020 11월 9일 ~ 11일(3일간)
장 소	송도 컨벤시아 전시장
규 모	100개 업체 200부스
주 최	국토교통부
후 원	외교부, 신남방정책특별위원회
주요일정	전시장 부스설치 : 2020년 11월 8일 전시 개막식 : 2020년 11월 9일 10 : 00 관람 시간 : 10 : 00~18 : 00 전시장 철거 : 2020년 11월 11일 18 : 00~
전시물품	스마트시티 관련 기업, 관련제품, 기술 등

2) 전시회 업무흐름도

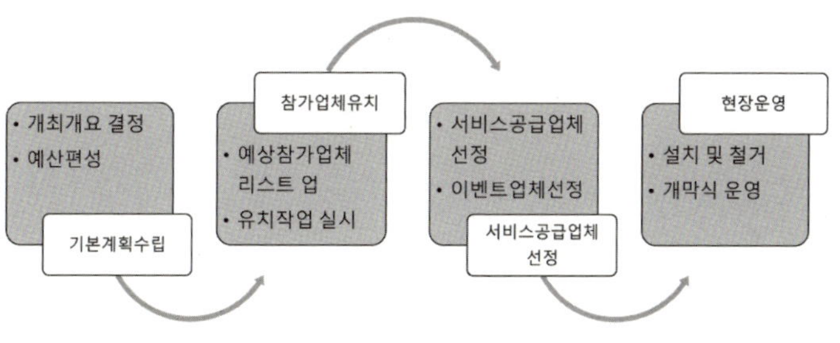

3) 전시장 구성

전시 부스	• 기본부스(조립부스) : 100부스 - 부스규격 : 3m×3m - 부스내역 : 업체명 간판, 데스크, 의자, 조명 • 독립부스 : 100부스 - 부스규격 : 9m×9m 이상
부대시설	• 휴게시설 • 홍보관 • 체험관 • 상담관

4) 전시회Time Line

구 분	2020년										
	1월	2월	3월	4월	5월	6월	7월	8월	9월	10월	11월
전시회 기본 계획수립	→										
참가업체 안내서 제작 및 발송		→	→	→	→						
참가업체 유치 및 확보			→	→	→	→	→	→	→	→	
전시회 마케팅		→	→	→	→	→	→	→	→	→	→
참관객 홍보								→	→	→	→
후원기관 협조		→	→	→	→						
전시업체 확정 및 설치업체 확정										→	
전시장 설치 및 운영											→

Exercise

다음 조건을 읽고 전시회 기획서를 작성하시오.

〈조건〉

2026 한-아세안 스마트시티 협력회의의 주최는 국토교통부이고, 오는 2026년 11월 9일(월)~12일(수) 4일간 수원에서 개최된다. 본 행사는 외교부, 신남방정책특별위원회가 후원을 하며 행사를 진행하기위해 PCO는 ㈜수원컨벤션서비스가 선정되었다.

참가자는 한-아세안 10개국의 장관 및 부처담당자, 관련기관 및 단체, 관련기업, 연구자 등이 참석한다. 총 참가인원은 국내 500명, 국외 500명이며, 회의공용어는 영어를 사용한다. 행사의 부대전시회로 스마트시티 전시회를 개최한다.

CONVENTION PLANNING

NCS-Based

CONVENTION PLANNING

제3장 기출문제(복원) 연습

CONVENTION PLANNING

01 2022년 1회차(회의 / 관광 / 사교행사) : 유형-기업회의

지시서

<회의취지>
Facebook본사는 시대가 요구하는 미래의 비전을 제시하고 새로운 도약의 계기를 마련할 뿐 아니라 전 세계에서 일하고 있는 페이스북 임직원들의 화합과 사기진작을 위한 컨벤션을 개최하고자 한다.

<조건>
주최는 페이스북 본사에서 하고 2026년 6월 2일(화)~5일(금) 4일간 경주에서 개최된다. 본 행사를 진행하기 위해 PCO는 The PCO가 선정되었다. 참가자는 본사 임직원 500명, 해외지사 임직원 500명이며 동반자는 참가하지 않는다. 회의공용어는 영어를 사용한다. 공식행사로 개회식과 폐회식이 진행되며 특별강연 3회와 분과회의 4회 그리고 워크숍이 진행된다.

<참고사항>
본 행사는 환영리셉션과 갈라디너의 사교행사가 운영된다. 참가자들을 위한 관광프로그램은 개최지의 문화, 역사 및 야경을 선보이는 기회를 제공할 예정이다.

컨벤션기획서는 다음과 같은 사항만을 포함하여 작성하도록 한다.
1. 기본 계획 1) 행사 개요, 2) 행사 일정표(표로 작성)
2. 세부운영 계획 1) 회의, 2) 관광(문화체험 / 역사 / 야경), 3) 사교행사

〈표지〉

2026 페이스북 글로벌 컨벤션
Facebook Global Convention 2026

2026년 6월 2일 – 6월 5일

The PCO

〈목차〉

목 차

기본계획

1. 행사개요
   - 1.1 개최배경 및 의의
   - 1.2 행사개요
   - 1.3 행사 콘셉트
   - 1.4 조직도
2. 행사일정표

세부운영계획

1. 회의
   - 1.1 회의개요
   - 1.2 회의 기본방향
   - 1.3 회의업무흐름도
   - 1.4 회의장 운영계획
2. 관광
   - 2.1 관광개요
   - 2.2 관광 콘셉트
   - 2.3 관광업무흐름도
   - 2.4 관광 세부일정표
3. 사교행사
   - 3.1 사교행사 개요
   - 3.2 사교행사 콘셉트
   - 3.3 환영리셉션
   - 3.4 갈라디너

기본계획

1. 행사개요

1.1 개최배경 및 의의

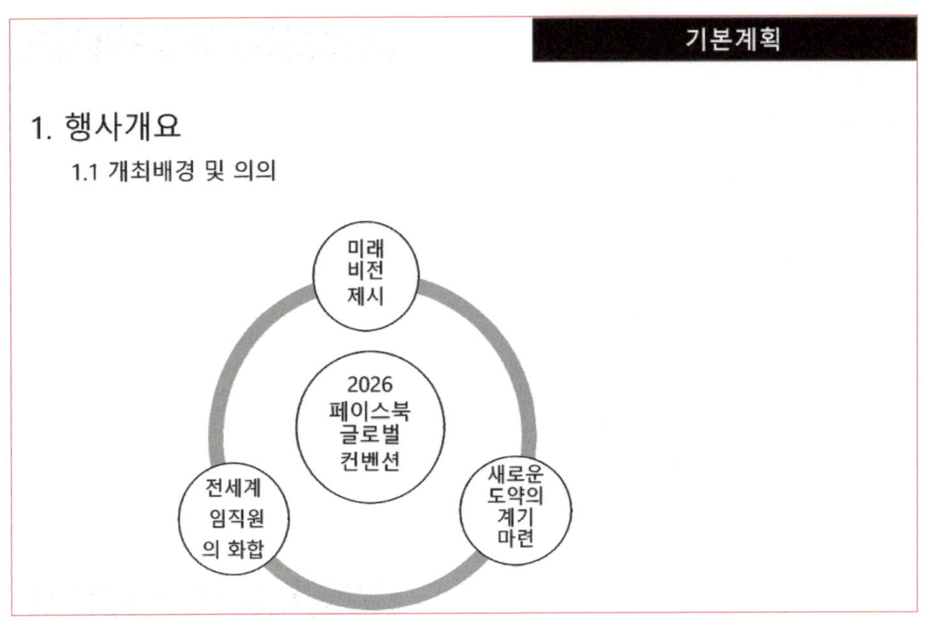

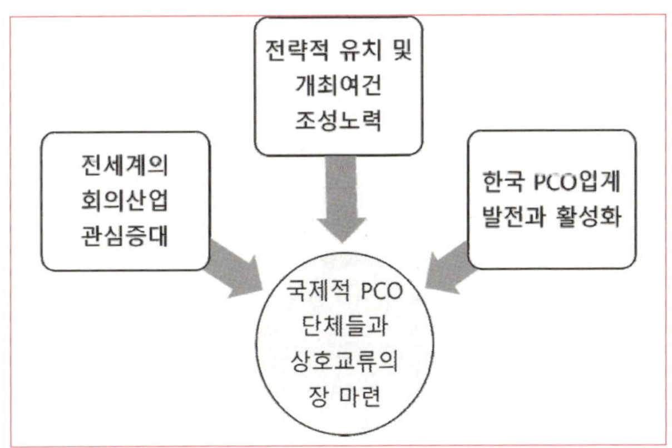

기본계획

1. 행사개요

1.2 행사개요

행사명	2026 페이스북 글로벌 컨벤션 (Facebook Global Convention 2026)
일 시	2026년 6월2일(화) ~ 6월5일(금)(4일간)
장 소	경주 HICO
주 최	페이스북 본사
주 관	The PCO
참가 대상	Facebook 본사 및 해외지사 임직원
참가 인원	본사임직원 500명, 해외지사 임직원 500명
공식 언어	영어
프로그램	개회식, 특별강연, 분과회의, 폐회식
	환영리셉션, 갈라디너, 관광

기본계획

1. 행사개요

1.3 행사콘셉트

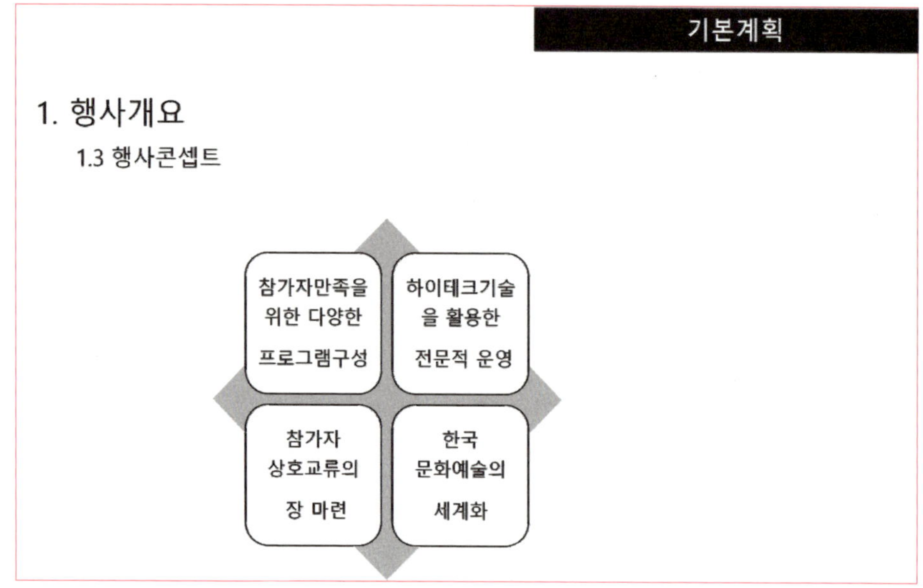

2. 행사일정표

<table>
<tr><th></th><th colspan="2">Jun.2(Tue.)</th><th colspan="2">Jun.3(Wed.)</th><th colspan="2">Jun.4(Thu.)</th><th>Jun.5(Fri.)</th></tr>
<tr><td>09:00</td><td rowspan="9">Registration</td><td rowspan="6">On-site Registration</td><td rowspan="9">Registration</td><td rowspan="3">Special Lecture II</td><td rowspan="9">Registration</td><td rowspan="3">Special Lecture III</td><td rowspan="2">Workshop</td></tr>
<tr><td>10:00</td></tr>
<tr><td>11:00</td><td>Closing Ceremony</td></tr>
<tr><td>12:00</td><td>Lunch</td><td>Lunch</td><td rowspan="9">Tour</td></tr>
<tr><td>13:00</td><td rowspan="2">Technical Session I</td><td rowspan="2">Technical Session III</td></tr>
<tr><td>14:00</td></tr>
<tr><td>15:00</td><td rowspan="2">Opening Ceremony</td><td>Coffee Break</td><td>Coffee Break</td></tr>
<tr><td>16:00</td><td rowspan="2">Technical Session II</td><td rowspan="2">Technical Session IV</td></tr>
<tr><td>17:00</td><td>Special Lecture I</td></tr>
<tr><td>18:00</td><td colspan="2" rowspan="3">Welcome Reception</td><td colspan="2" rowspan="3"></td><td colspan="2" rowspan="3">Gala Dinner</td></tr>
<tr><td>19:00</td></tr>
<tr><td>20:00</td></tr>
</table>

세부운영계획

1. 회의

1.1 회의개요

구 분	내 용
일 시	2026년 6월 2일 ~ 6월 5일
장 소	경주 HICO 컨벤션홀
주 제	페이스북의 미래발전
회의 프로그램	개회식/폐회식 특별강연 3회 분과회의 4회 워크숍 1회
공식언어	영어
참가대상	페이스북 본사 및 해외지사 임직원
참가규모	본사임직원 500명, 해외지사 임직원 500명

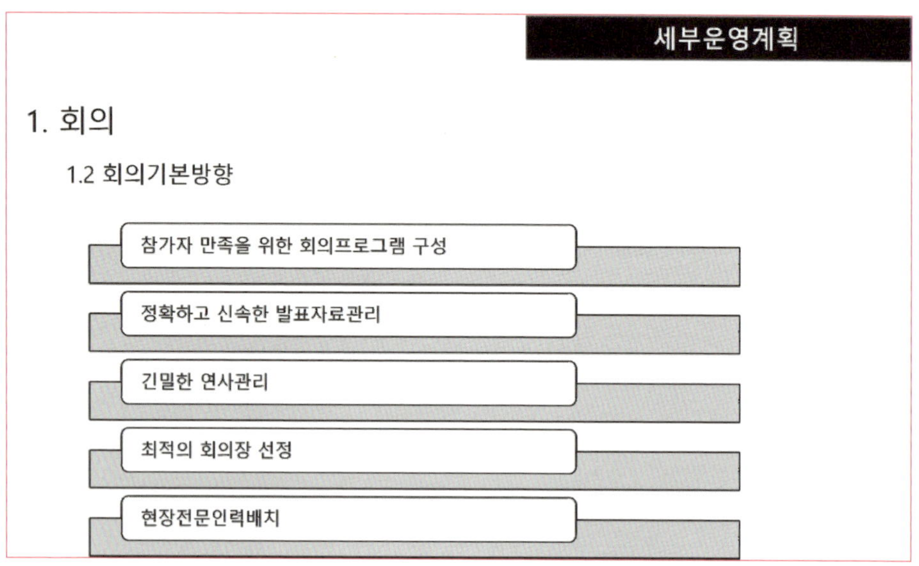
세부운영계획
1. 회의
1.2 회의기본방향
참가자 만족을 위한 회의프로그램 구성
정확하고 신속한 발표자료관리
긴밀한 연사관리
최적의 회의장 선정
현장전문인력배치

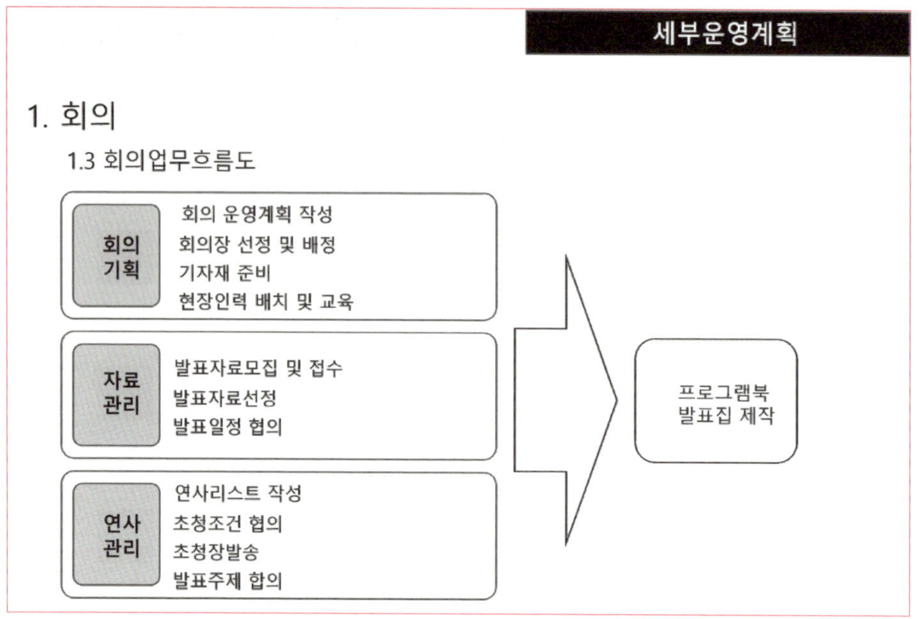
세부운영계획
1. 회의
1.3 회의업무흐름도
회의 기획
회의 운영계획 작성
회의장 선정 및 배정
기자재 준비
현장인력 배치 및 교육
자료 관리
발표자료모집 및 접수
발표자료선정
발표일정 협의
연사 관리
연사리스트 작성
초청조건 협의
초청장발송
발표주제 합의
프로그램북
발표집 제작

세부운영계획

1. 회의

1.4 회의장 운영계획

회의명	일시	장소	참여인원	회의장 인력배치	기자재
개회식	6월2일 (15:00~16:00)	컨벤션홀(강의식)	1,000명	테크니션 3명 진행요원 4명	노트북,프로젝터,스크린,마이크,스피커,무전기,인터넷,통역장비
폐회식	6월5일 (11:00~12:00)	컨벤션홀(강의식)	1,000명		
Special Lecture I	6월2일 (16:00~18:00)	컨벤션홀(강의식)	1,000명		
Special Lecture II,III	6월3일~4일 (09:00~12:00)	컨벤션홀(강의식)	1,000명		
Technical Session I,II,III,IV	6월 3일~4일 (13:00~18:00)	컨벤션홀 3분할 (강의식)	각 300명	테크니션 2명 진행요원 3명 (각 회의실 배정)	노트북,프로젝터,스크린,마이크, 인터넷,통역장비
Workshop	6월5일 (09:00~11:00)	회의실(강의식)/ 5 개 활용	각 100명		

2. 관광

2.1 관광개요

구 분	내 용
일 시	2026년 6월 5일(13:00~20:00)
장 소	1코스: 남산 2코스: 양동민속마을 3코스: 경주박물관
주 제	문화, 역사, 야경
제공사항	버스, 전문가이드(영어),입장료, 저녁식사
최소인원	프로그램별 20명
비 고	*우천시 프로그램은 변경 가능 합니다.

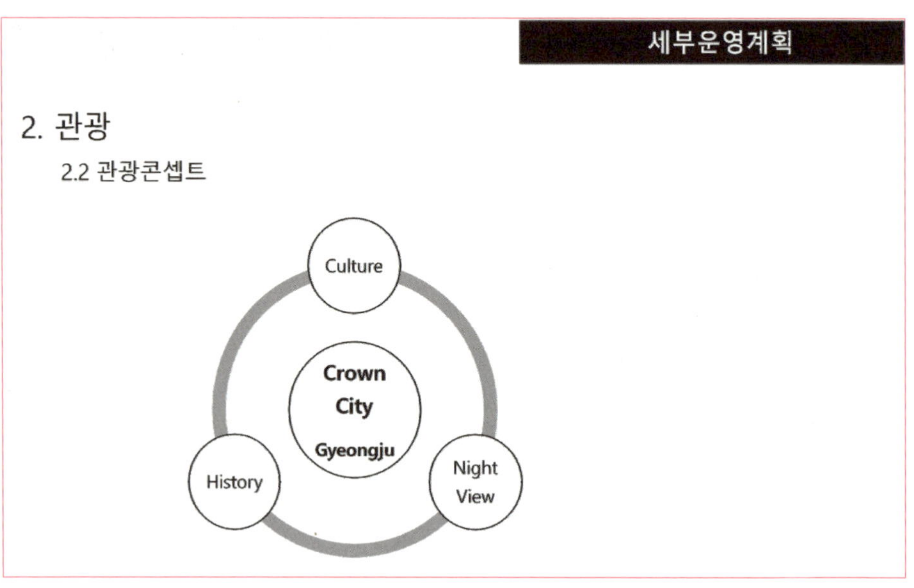
세부운영계획
2. 관광
2.2 관광콘셉트
Culture
Crown
City
Gyeongju
History
Night
View

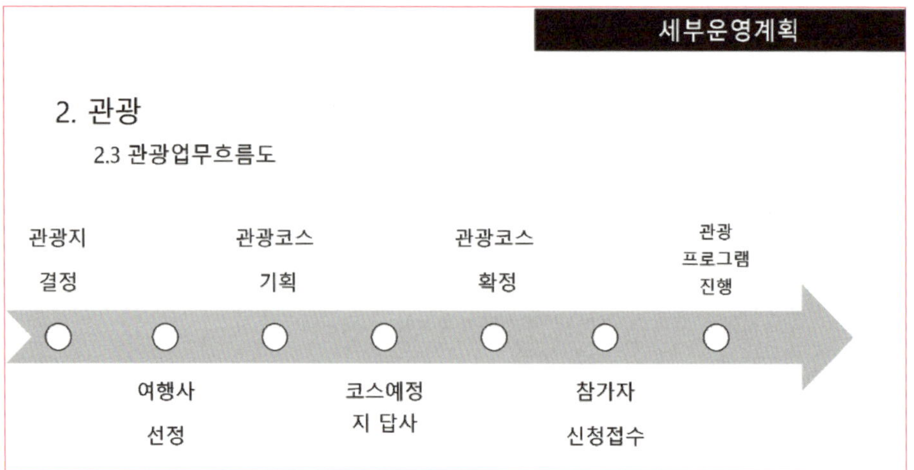
세부운영계획
2. 관광
2.3 관광업무흐름도
관광지
결정
관광코스
기획
관광코스
확정
관광
프로그램
진행
여행사
선정
코스예정
지 답사
참가자
신청접수

세부운영계획

2. 관광

2.4 관광 세부일정표 (사례1)

주제	시간	일정	비고
Culture	6월5일 (13:00~20:00)	불국사 – 양동민속마을	최소인원 20명 버스,가이드, 저녁식사제공
History		경주박물관- 서원체험-교촌마을	
Night View		경주남산- 신라달빛기행	

세부운영계획

2. 관광

2.4 관광 세부일정표(사례2)

Theme : Culture (불국사-양동민속마을)

Time	Schedule
13:00	호텔 앞 집결
13:00~13:30	이동
13:30~15:30	불국사 / 석굴암
15:30~16:00	이동
16:00~18:00	양동민속마을
18:00~18:30	이동
18:30~19:30	저녁식사
19:30~20:00	이동
20:00	호텔 도착

세부운영계획

3. 사교행사

3.1 사교행사 개요

구 분	내 용	
일 시	2026년 6월2일(18:00~20:00)	2026년 6월4일(18:00~20)
행사명	환영연(Welcome Reception)	갈라디너(Gala Dinner)
장소	HICO 전시장	힐튼호텔 야외 연회장
프로그램	개회사 / 환영사 / 축사 / 축하공연	
공용언어	영어	
참가대상	초청인사,회의 참가자, 관련인사	
참가규모	1,000명	

세부운영계획

3. 사교행사

3.2 사교행사 콘셉트

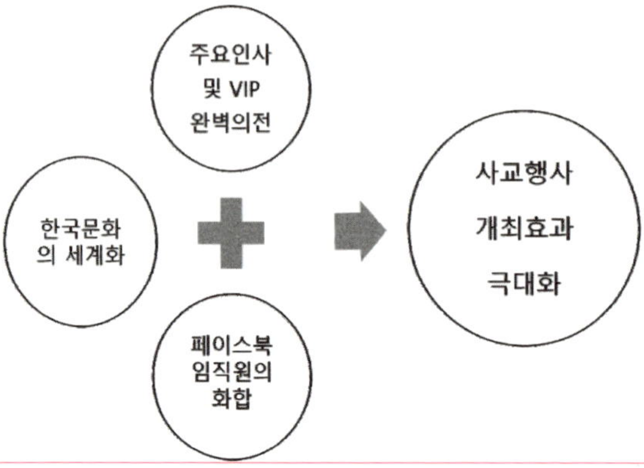

주요인사 및 VIP 완벽의전

한국문화의 세계화

페이스북 임직원의 화합

사교행사 개최효과 극대화

세부운영계획

3. 사교행사

3.3 환영리셉션(Welcome Reception)

행사명	2026 페이스북 글로벌 컨벤션 환영리셉션
일 시	2026년 6월 2일 18:00~20:00
장 소	경주 HICO 1층 전시장
목 적	회의 참석자들에 대한 환영의 장 성공적인 회의 개최를 위한 기원 참석자들의 화합과 교류증진 확대
프로그램	칵테일 리셉션 개회사/환영사/축사/축하공연/식사/폐회
식사메뉴	스탠딩 뷔페
공 연	대북 타고 공연

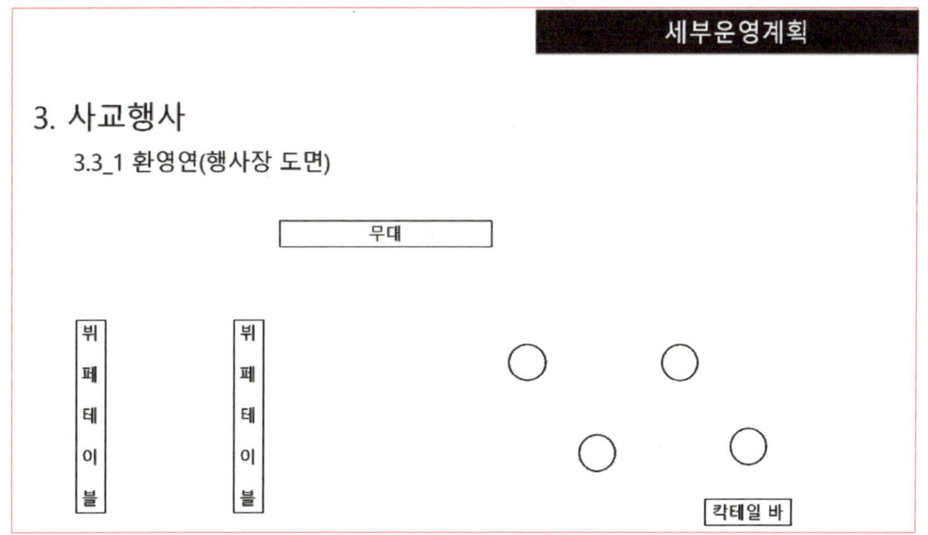

세부운영계획

3. 사교행사

3.4 갈라디너(GALA Dinner)

행사명	2026 페이스북 글로벌 컨벤션 갈라디너
일 시	2026년 6월 4일 18:00~21:00
장 소	경주 힐튼호텔 야외 연회장
목 적	세계속의 한국문화를 알리는 기회 전세계 페이스북 임직원들의 화합의 장
프로그램	칵테일 리셉션 환영사/건배제의/축사/축하공연/식사 /폐회
식사메뉴	한정식 세트메뉴
공 연	한국전통공연/ K-POP공연
이 동	수송차량 대기

세부운영계획

3. 사교행사

3.4_1 갈라디너(행사장 도면)

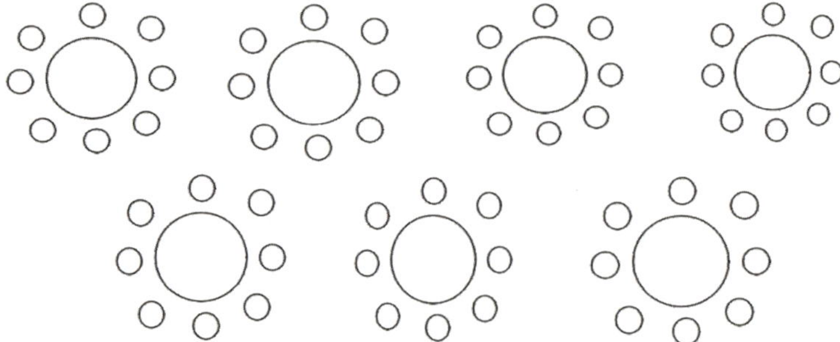

02 2021년 1회차(초청 / 개폐회식 / 의전) : 유형-정부회의

지시서

〈회의취지〉

2025년 G20회의 개최를 맞아 OECD 국토교통부 장관급 회의인 'OECD 국제교통협력회의'를 2024년 8월 7일부터 9일까지 3일간 서울 명동 롯데호텔에서 개최한다. 대한민국은 G20 의장국으로 1년간 '끊임없는 연결'이라는 주제로 논의를 이끌어 왔고, 이번 회의에서는 '통합을 위한 연결'이라는 주제로 회원국들 간의 교통 연결을 통한 통합을 논의할 예정이다.

〈조건〉

35개 OECD 회원국 국토교통부 장관급 1명과 정부 대표 2명이 각각 공식적으로 초청되며, 이 외에 정부 및 공공 기관에서 300명, 민간기관, 언론분야 등에서 350명 등 총 650명의 사람들이 참석할 예정이다. 주최는 국토교통부이며, 주관은 서울에 위치한 드림 PCO이다.
첫날에는 오전 9시에 개회식, 오전에는 전체회의, 오후에는 소규모 분과회의가 열리고, 저녁에는 환영 만찬이 있다. 마지막 날에는 폐회식과 환송오찬이 열린다.

〈참고사항〉

참고로 전체회의 및 개·폐회식은 롯데호텔 크리스탈 볼룸에서 개최하며, 분과회의 및 양자회의는 일반 회의실에서 개최한다.

컨벤션기획서는 다음과 같은 사항만을 포함하여 작성하도록 한다(20매 내·외).

1. 기본 계획
   1) 행사 개요, 2) 행사 일정표(표로 작성)

2. 세부운영 계획
   1) 초청(행사 개요, 초청대상 등 포함)
   2) 개·폐회식(식순, 음식, 공연 포함)
   3) 의전(VIP영접 / 영송, 이동 등 포함)

〈표지〉

2025 OECD 국제교통협력회의
OECD Transportation Cooperation Meeting 2025

2025년 8월 7일 - 8월 9일

Dream PCO

〈목차〉

목 차

기본계획

1. 행사개요
   1.1 개최배경 및 의의
   1.2 행사개요
   1.3 행사 콘셉트
   1.4 조직도

2. 행사일경표

세부운영계획

1. 초청
   1.1 초청개요
   1.2 초청콘셉트
   1.3 초청업무흐름도
   1.4 초청업무Time Line

2. 개,폐회식
   2.1 개,폐회식개요
   2.2 개,폐회식 콘셉트
   2.3 개,폐회식 업무흐름도
   2.4 개회식 세부일경표
   2.5 폐회식 세부일경표
   2.6 행사장도면(Floor Plan)

3. 의전
   3.1 의전 개요
   3.2 의전 콘셉트
   3.3 의전 주요업무
   3.4 영접.영송 업무흐름도

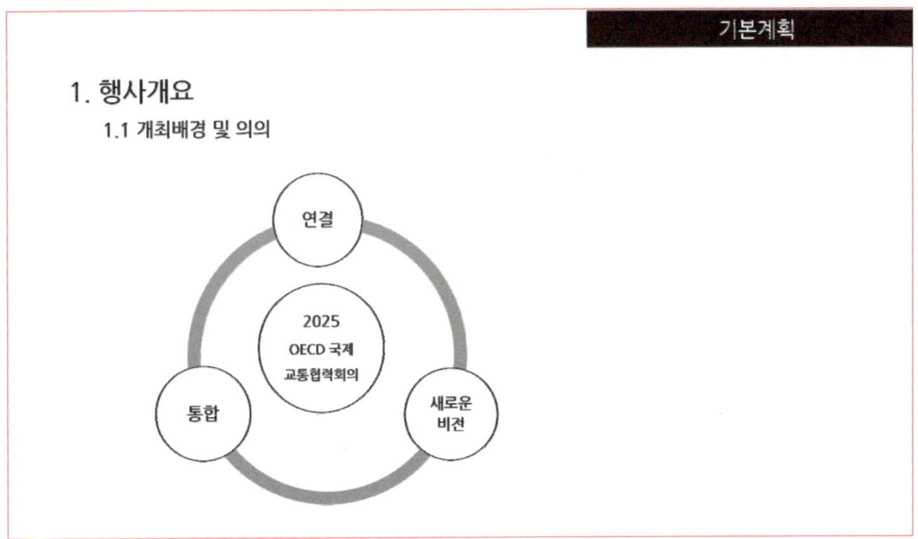

기본계획

1. 행사개요

1.2 행사개요

행사명	2025 OECD 국제교통협력회의 OECD Transportation Cooperation Meeting 2025
주제	통합을 위한 연결
일 시	2025년 8월7일 ~ 8월9일(3일간)
장 소	서울 롯데호텔
주 최	국토교통부
주 관	Dream PCO
참가 대상	35개국 국토교통부 장관급 및 정부대표 , 민간기관, 언론분야 등
참가 인원	정부 및 공공기관 300명, 민간 및 언론분야 350명 (총 650명)
공식 언어	영어
프로그램	개회식, 전체회의, 분과회의, 양자회의, 폐회식 환영만찬, 환송오찬

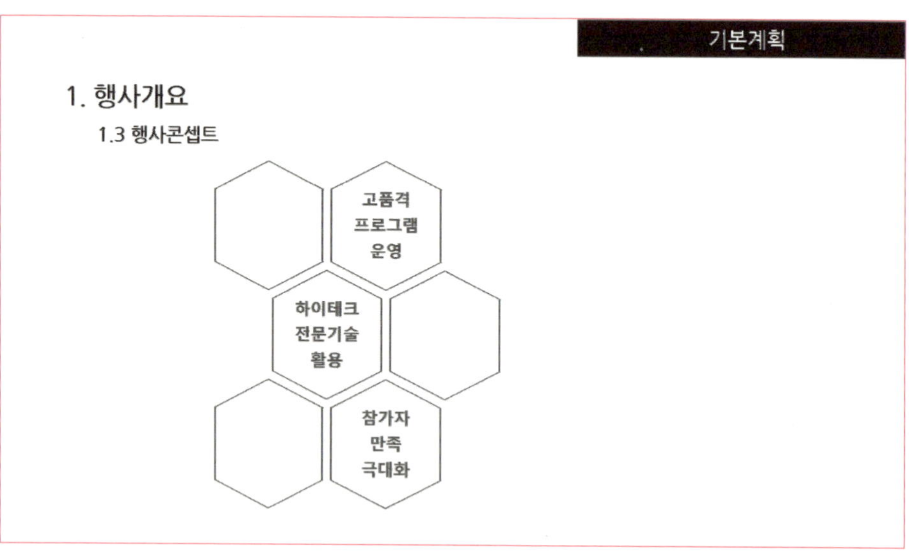

기본계획

2. 행사일정표

	Aug.7		Aug.8		Aug.9
09:00	Registration	Opening Ceremony	Registration	General Session II	Closing Ceremony
10:00		General Session I			
11:00					Farewell Luncheon
12:00		Lunch		Lunch	
13:00		Technical Session I		Technical Session II	
14:00					
15:00		Coffee Break		Coffee Break	
16:00		Bilateral Meeting		Technical Session III	
17:00					
18:00		Welcome Dinner			
19:00					
20:00					

세부운영계획

1. 초청

1.1 초청 개요

구 분	내 용			
초청기간	2025년 1월 1일 ~ 2025년 7월30일			
초청구분	장관	정부대표	공공기관	민간기관 및 언론
초청방법	공식초청장 발송	공식문서 발송	온라인등록공지	온라인등록공지
초청예상인원	35명(35개국)	70여명(각 국가별2명)	200명	350여명
내용	예상 참가자 리스트 확보 신청자 DB관리 참가자 리스트 관리 VIP 요청사항 확인 및 처리			

세부운영계획

1. 초청

1.2 초청 콘셉트

세부운영계획

1. 초청

1.3 초청 업무흐름도

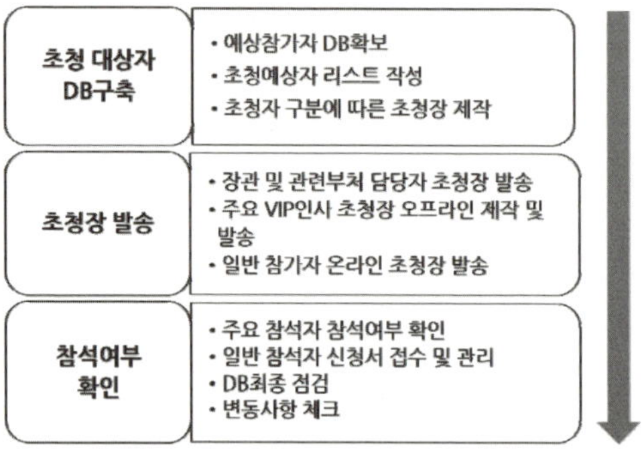

초청 대상자 DB구축	• 예상참가자 DB확보 • 초청예상자 리스트 작성 • 초청자 구분에 따른 초청장 제작
초청장 발송	• 장관 및 관련부처 담당자 초청장 발송 • 주요 VIP인사 초청장 오프라인 제작 및 발송 • 일반 참가자 온라인 초청장 발송
참석여부 확인	• 주요 참석자 참석여부 확인 • 일반 참석자 신청서 접수 및 관리 • DB최종 점검 • 변동사항 체크

세부운영계획

1. 초청

1.4 초청 Timeline

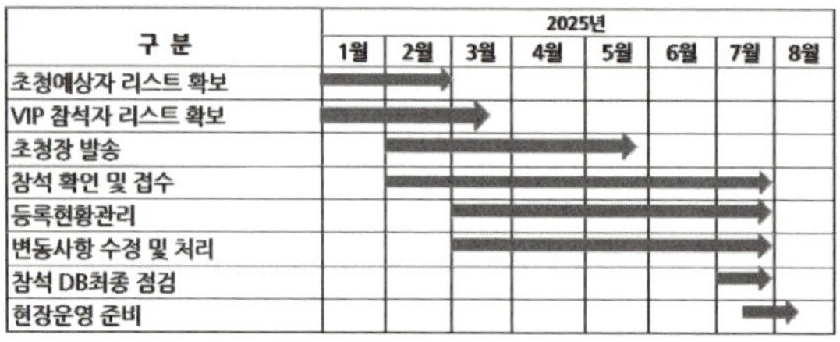

구 분	2025년 1월	2월	3월	4월	5월	6월	7월	8월
초청예상자 리스트 확보								
VIP 참석자 리스트 확보								
초청장 발송								
참석 확인 및 접수								
등록현황관리								
변동사항 수정 및 처리								
참석 DB최종 점검								
현장운영 준비								

세부운영계획

2.개 · 폐회식

2.1 개 · 폐회식 개요

개회식	구 분	폐회식
2025년 8월7일 09:00 ~10:30	일 시	2025년 8월 9일 09:00 ~11:00
롯데호텔 크리스탈 볼룸	장 소	롯데호텔 크리스탈 볼룸
개막공연,개회사,축사,환영사,기조발표	프로그램 구성	폐회사, 행사 총평 및 성과보고, 차기 개최국 소개, 폐막공연, 환송오찬
회의식(650석)	회의장 배치	연회식(650석), 폐회식 후 환송오찬이 이어짐
영어	공식언어	영어
650여명	참가규모	650여명

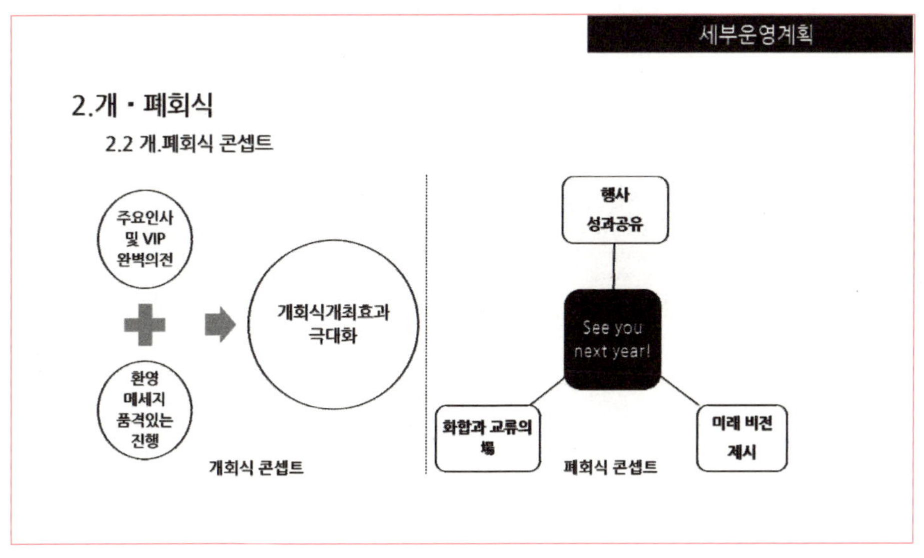

세부운영계획

2.개 · 폐회식

2.3 개.폐회식 업무흐름도

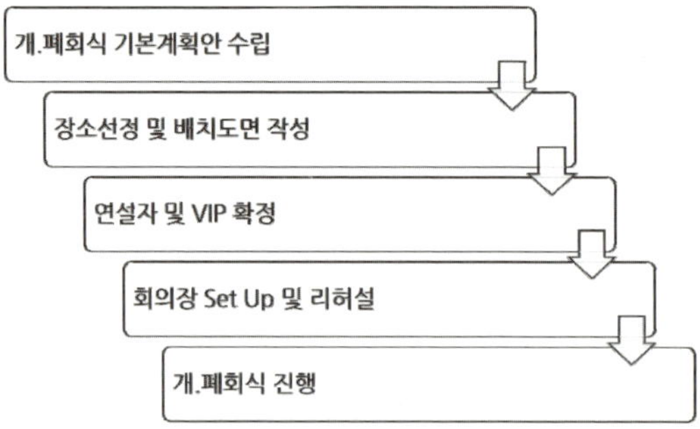

개.폐회식 기본계획안 수립
↓
장소선정 및 배치도면 작성
↓
연설자 및 VIP 확정
↓
회의장 Set Up 및 리허설
↓
개.폐회식 진행

세부운영계획

2.개 · 폐회식

2.4 개회식 세부일정표

시 간	일 정	내 용
행사 전날	행사장 Set-up	- 무대, 기자재 설치 및 장비 점검 -1차 리허설 진행(시스템 리허설)
07:00~08:30	리허설	- 운영요원 Stand-by - 사회자 리허설포함(전체 리허설)
08:50~09:00	참가자 입장 및 착석	- VIP영접
09:00~09:01	사회자 인사	- 사회자
09:01~09:05	오프닝 영상상영	- 서울회의 홍보영상
09:06~09:15	개회선언	- 의장국 대표
09:16~09:20	환영사	- 국토교통부 장관
09:21~09:30	축사	- OECD 대표
09:31~10:21	기조발표	- 사회자 소개로 입장(약력소개)
10:22~10:28	축하공연	- 홀로그램 공연(주제:통합을 위한 연결)
10:29~10:30	폐회	- 사회자 종료 및 일정안내

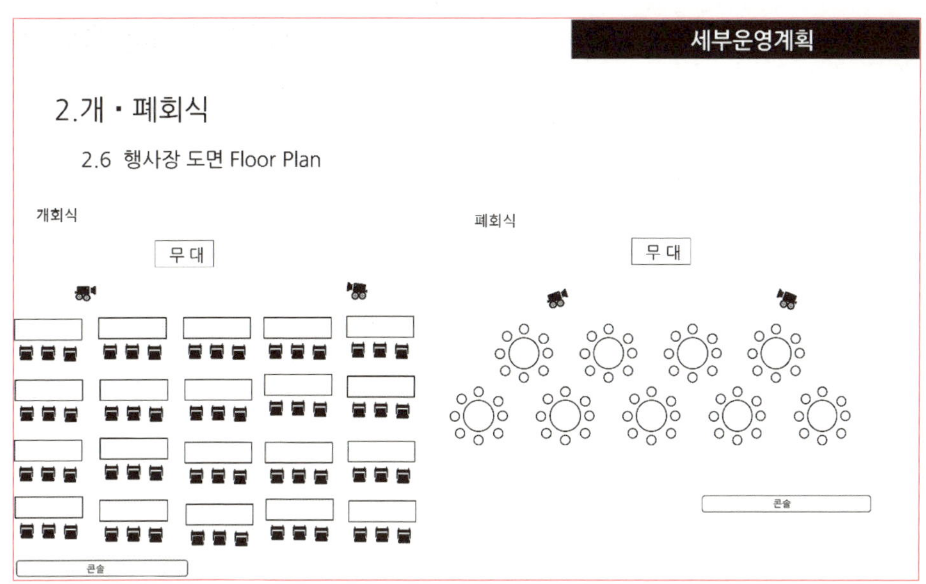

세부운영계획

3. 의전

3.1 의전개요

운영기간	2025년 8월6일~9일(4일간)	
장 소	인천공항/김포공항/행사장/호텔	
인 력	초청담당자 2명 + 전문영접요원 4명	
대 상	VIP(고위급)	일반참가자
공 항	전용 입국심사대 제공 전용 세관검색대 제공 의전차량제공 전담 의전요원배치 공항귀빈실 사용	수송차량 제공 필요 시 의전 및 안전요원 지원
행사장	VIP좌석배치 의전요원 안내 대기실 활용	필요 시 의전 및 안전요원 지원

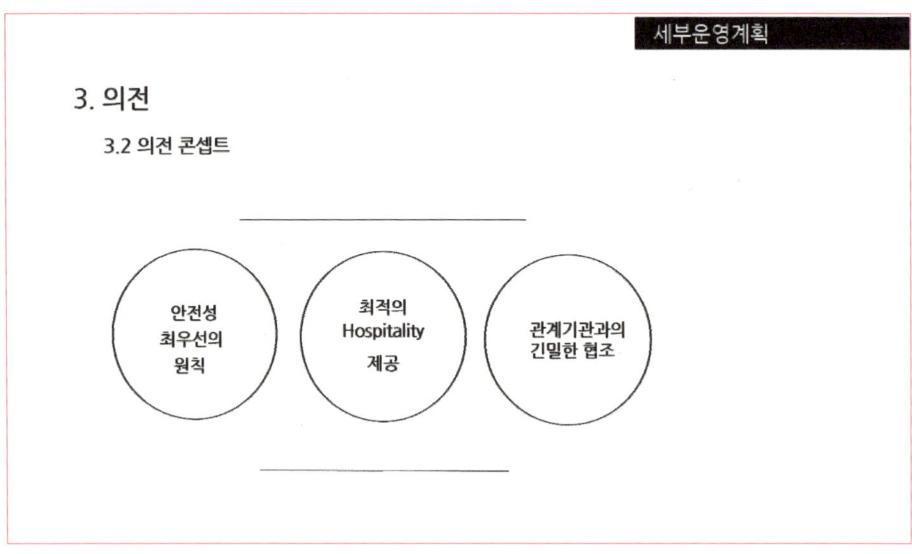
세부운영계획
3. 의전
3.2 의전 콘셉트
안전성
최우선의
원칙
최적의
Hospitality
제공
관계기관과의
긴밀한 협조

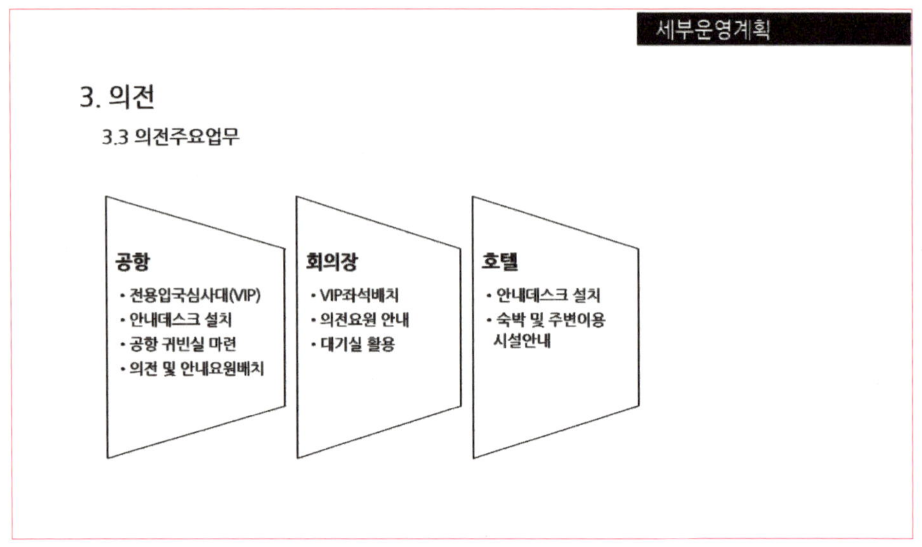
세부운영계획
3. 의전
3.3 의전주요업무
공항
• 전용입국심사대(VIP)
• 안내데스크 설치
• 공항 귀빈실 마련
• 의전 및 안내요원배치
회의장
• VIP좌석배치
• 의전요원 안내
• 대기실 활용
호텔
• 안내데스크 설치
• 숙박 및 주변이용
시설안내

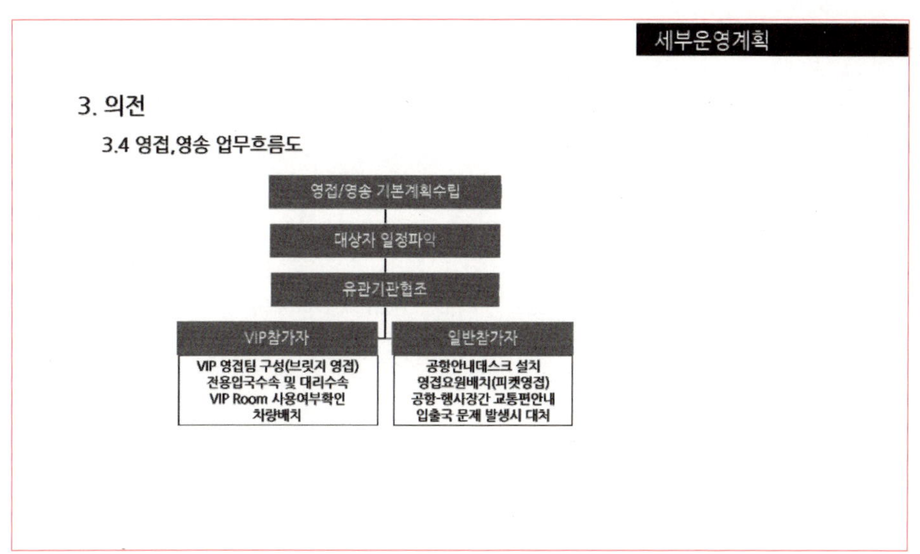
세부운영계획
3. 의전
3.4 영접,영송 업무흐름도
영접/영송 기본계획수립
대상자 일정파악
유관기관협조
VIP참가자
VIP 영접팀 구성(브릿지 영접)
전용입국수속 및 대리수속
VIP Room 사용여부확인
차량배치
일반참가자
공항안내데스크 설치
영접요원배치(피켓영접)
공항-행사장간 교통편안내
입출국 문제 발생시 대처

03 2021년 3회차(등록 / 회의 / 사교행사_환송만찬) : 유형-학술회의

지시서

<회의취지>

세계식품학술협회는 세계식품산업의 트렌드를 연구하고 트렌드를 선도하며 미래를 위한 선진연구를 위해 제10회 세계식품학술협회 총회를 개최하고자 한다.

<조건>

주최는 대한 식품학술협회이고 개최기간은 2025년 6월 2일(월)~4일(수) 3일간 ICC제주에서 개최한다. 본 행사의 참가자는 회원 및 비회원 1,500명이고 동반자는 참가하지 않는다. 회의공용어는 한국어, 영어이며 총회, 분과회의 및 포스터세션이 진행된다. 참가비는 회원은 $500이고 비회원은 $600이다.

<참고사항>

본 행사는 환영리셉션과 환송만찬의 사교행사가 운영된다. 참가자들을 위한 관광프로그램은 선택관광으로 진행될 예정이다.

컨벤션기획서는 다음과 같은 사항만을 포함하여 작성하도록 한다.

1. 기본 계획
   1) 행사 개요, 2) 행사 일정표(표로 작성)
2. 세부운영 계획
   1) 등록
   2) 회의(전체회의, 분과회의, 포스터 세션)
   3) 사교행사(환영연, 환송만찬)

〈표지〉

제10회 세계식품학술협회 총회

The10th Annual Meeting of International Food Academy Association

2025년 6월 2일 – 6월 4일

〈목차〉

목차

기본계획

1. 행사개요

1.1 개최배경 및 의의

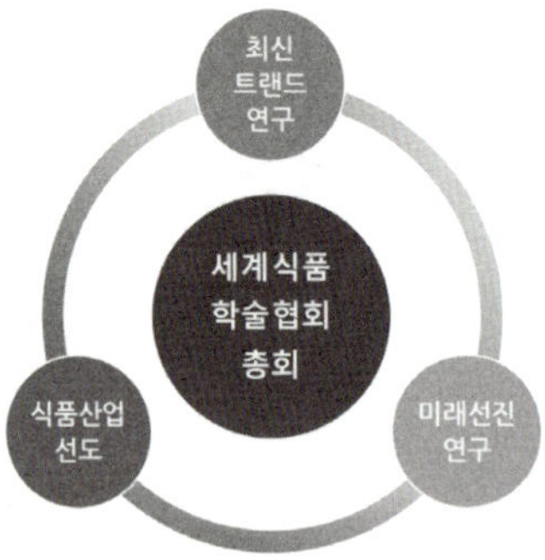

기본계획

1. 행사개요

1.2 행사개요

행사명	제10회 세계식품학술협회 총회 (The10th Annual Meeting of International Food Academy Association)
일 시	2025년 6월2일 ~ 6월4일 (3일간)
장 소	제주 컨벤션센터(ICC Jeju)
주 최	대한 식품학술협회
참가 대상	회원 및 비회원, 관련기관, 기업,연구소 등
참가 인원	회원 및 비회원 1,500명
공식 언어	영어,한국어
프로그램	개회식, 총회, 분과회의, 포스터세션, 폐회식
	환영리셉션, 환송만찬, 선택관광

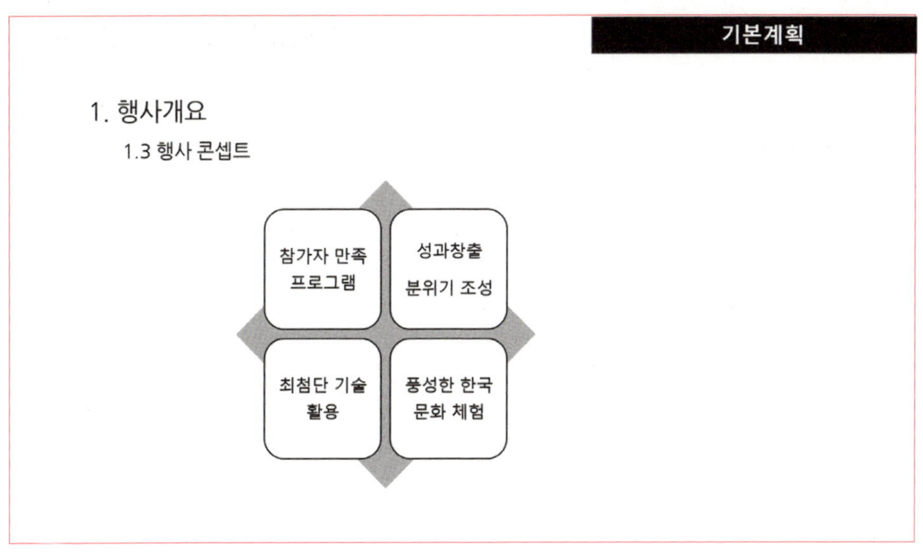
기본계획
1. 행사개요
1.3 행사 콘셉트
참가자 만족 프로그램
성과창출 분위기 조성
최첨단 기술 활용
풍성한 한국 문화 체험

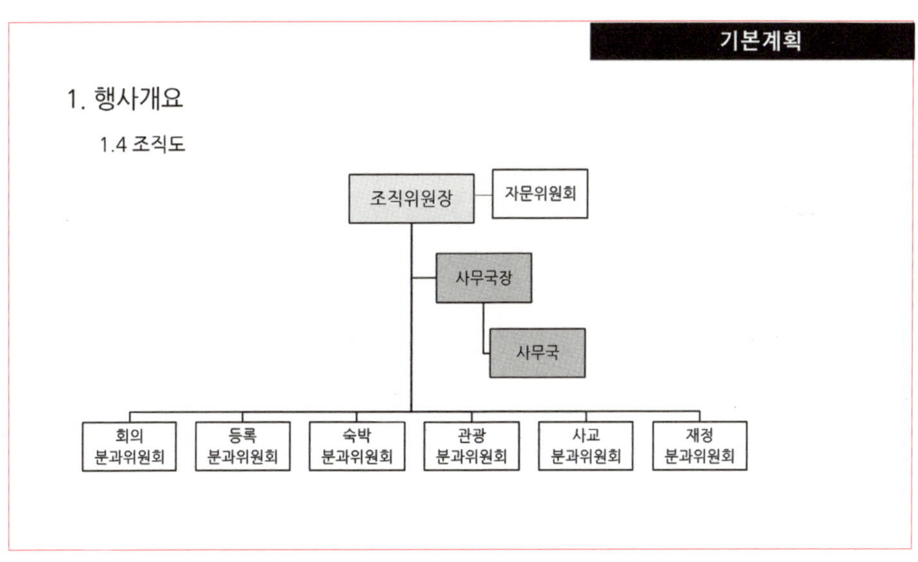
기본계획
1. 행사개요
1.4 조직도
조직위원장
자문위원회
사무국장
사무국
회의 분과위원회
등록 분과위원회
숙박 분과위원회
관광 분과위원회
사교 분과위원회
재정 분과위원회

기본계획

2. 행사일정표

	Jun. 2(Mon.)		Jun. 3(Tue.)		Jun. 4(Wed.)	
09:00	Registration / Poster session	On-Site Registration	Registration / Poster Session	Special Lecture 2	Registration / Poster Session	Special Lecture 3
10:00				Coffee Break		Coffee Break
11:00				Expert Presentation 1		Closing Ceremony
12:00				Lunch		Option Tour
13:00		Opening Ceremony		Expert Presentation 2		
14:00		General Assembly		Technical Session 1		
15:00		Coffee Break		Coffee Break		
16:00		Special Lecture 1		Technical Session 2		
17:00						
18:00	Welcome Reception		Farewell Dinner			
19:00						
20:00						

세부운영계획

1. 등록

1.1 등록개요

구분	사전등록	현장등록
일 시	2025. 01. 01. ~ 2025. 04. 30. (4월30일 이후부터는 현장등록으로 처리 함)	2025. 06. 02. ~ 04.
등록비	회원: $500 비회원: $600	회원: $600 비회원: $700
등록방법	공식 홈페이지, 이메일, 등록비:카드결제 또는 계좌이체가능(내국인)	현장 등록 데스크
예상인원	국내 참가자 600명 해외 참가자 800명	국내 참가자 50명 해외 참가자 50명
내용	사전등록 페이지 구축 신청자 DB 구축 EDM 및 회원사 공지를 통한 등록 유도 사전등록 신청서 접수 Confirmation 발송 *등록 취소 및 변경은 규정에 따라 처리함	현장등록데스크 설치 현장등록시스템 구축 명찰 및 참가자 키트 제공 참가자 실시간 리스트업

세부운영계획

1. 등록

1.2 등록 기본방향

신속성 | 정확성 | 편리성

- 온라인 시스템 기본운영
- 철저한 참가자 리스트 관리
- 등록요원 철저한 사전교육으로 정확하고 신속한 등록절차 진행
- 등록자 변경요구사항 신속대응

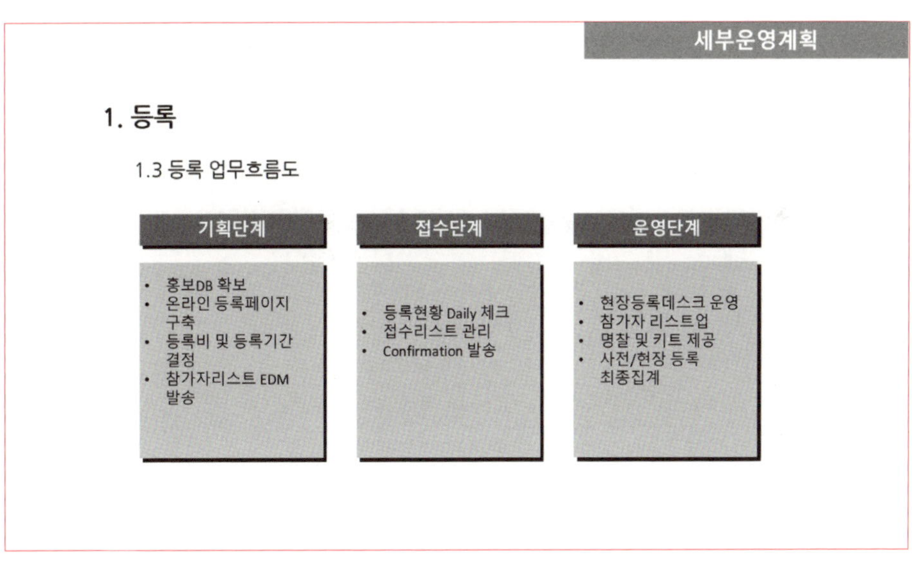

세부운영계획

1. 등록

1.4 등록 업무 Time Line

구분	2024	2025년					
	12월	1월	2월	3월	4월	5월	6월
홈페이지구축							
온라인등록프로그램구축							
등록안내서 발송							
사전등록접수							
등록현황관리							
등록확인서 및 등록비 영수증 발송							
등록 DB최종 점검							
현장등록 준비							
등록데스크 운영							

세부운영계획

1. 등록

1.5 등록 데스크운영계획

구분	내용
일 시	2025년 6월2일 ~ 6월4일 09:00-18:00
장 소	ICC Jeju 탐라홀 로비
사전등록	부스 10개 설치, 사전등록 DB
현장등록	부스 2개 설치, 현장등록 시스템, 결제시스템
Kit 배포	Congress Kit 배부
관광 안내	관광프로그램 안내 및 자료 배부

세부운영계획

1. 등록

1.5 등록 운영계획(Floor Plan)

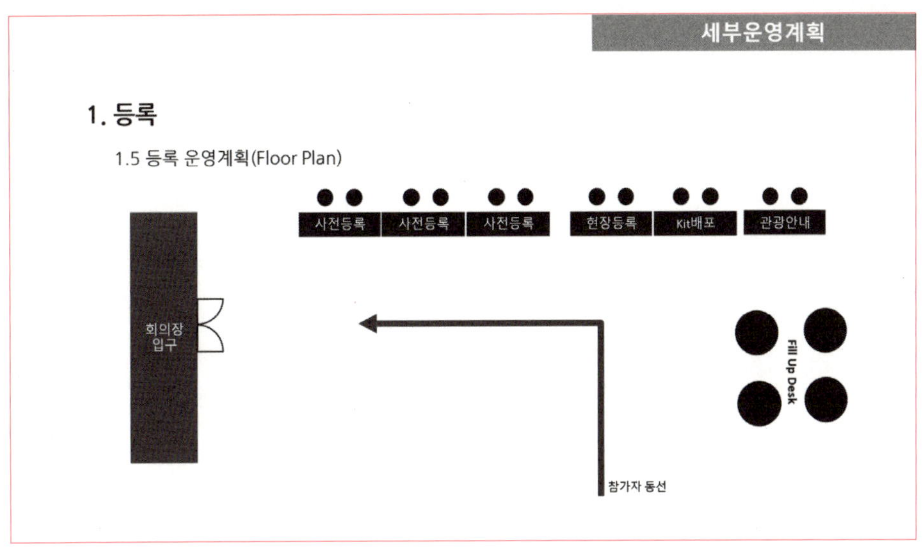

세부운영계획

2. 회의

2.1 회의 개요

구분	내용
일 시	2025년 6월 2일(월)~4일(수)
장 소	ICC Jeju 탐라홀,한라홀,삼다홀
주 제	미래 식품산업의 발전을 위한 선진 트렌트연구
프로그램	총회 특별강연 3회 전문가 발표 2회 분과회의 2회 포스터세션
공용언어	영어, 한국어(동시통역제공)
참가대상	회원 및 비회원,관련기관, 단체, 기업, 연구소 등 (국내 700명, 해외 800명)

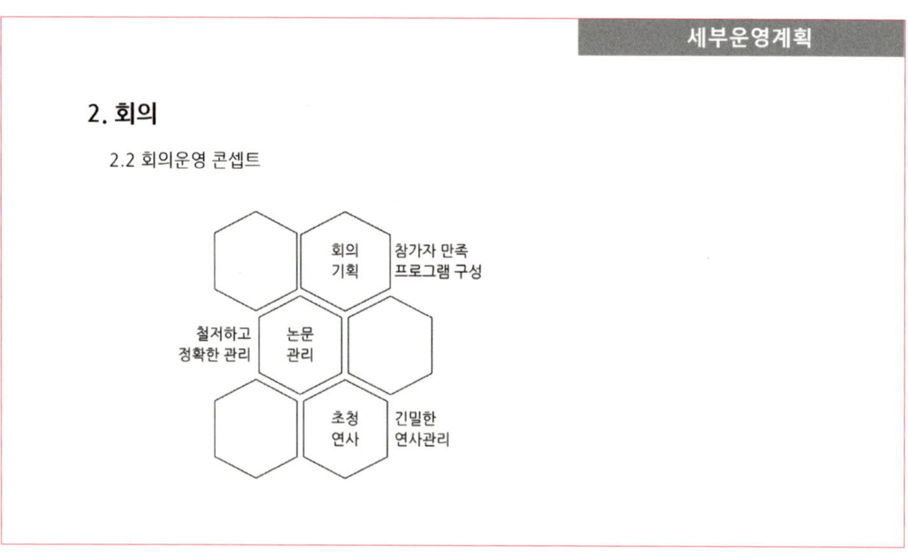
세부운영계획
2. 회의
2.2 회의운영 콘셉트
회의
기획
참가자 만족
프로그램 구성
철저하고
정확한 관리
논문
관리
초청
연사
긴밀한
연사관리

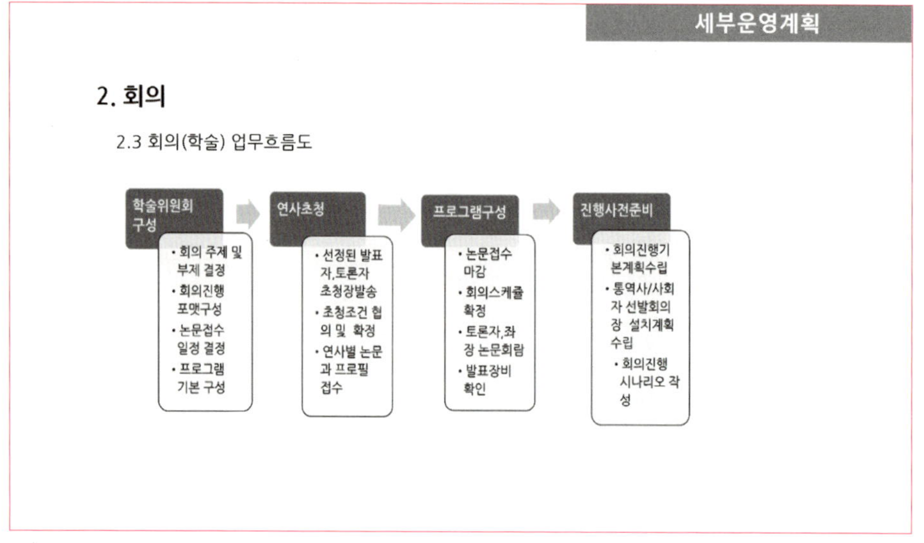
세부운영계획
2. 회의
2.3 회의(학술) 업무흐름도
학술위원회
구성
• 회의 주제 및
부제 결정
• 회의진행
포맷구성
• 논문접수
일정 결정
• 프로그램
기본 구성
연사초청
• 선정된 발표
자,토론자
초청장발송
• 초청조건 협
의 및 확정
• 연사별 논문
과 프로필
접수
프로그램구성
• 논문접수
마감
• 회의스케쥴
확정
• 토론자,좌
장 논문회람
• 발표장비
확인
진행사전준비
• 회의진행기
본계획수립
• 통역사/사회
자 선발회의
장 설치계획
수립
• 회의진행
시나리오 작
성

세부운영계획

2. 회의

2.4 회의장 운영계획

<table>
<tr><th>회의명</th><th>일시</th><th>장소</th><th>참여인원</th><th>인력배치</th><th>기자재</th></tr>
<tr><td>개회식</td><td>6월2일(13:00-14:00)</td><td>탐라홀(강의식)</td><td>1,500명</td><td rowspan="4">테크니션 4명
진행요원 4명</td><td rowspan="4">노트북/LED무대시스템/유.무선마이크/무전기/동시통역장비(부스/리시버)/중계시스템/음향시스템</td></tr>
<tr><td>폐회식</td><td>6월4일(11:00-12:00)</td><td>탐라홀(강의식)</td><td>1,500명</td></tr>
<tr><td>총회</td><td>6월2일(14:00-15:00)</td><td>탐라홀</td><td>1,500명</td></tr>
<tr><td>특별강연
I II III</td><td>6월2일(15:00-17:00)
6월3일-6월4일
(09:00-10:30)</td><td>탐라홀</td><td>1,500명</td></tr>
<tr><td>전문가발표
I II</td><td>6월3일(11:00-14:00)</td><td>한라홀</td><td>500명</td><td rowspan="2">테크니션 3명
(각)
진행요원 3명
(각)</td><td rowspan="2">노트북/프로젝터/스크린/유.무선마이크/무전기/동시통역장비(부스/리시버)/음향시스템</td></tr>
<tr><td>분과회의 I II</td><td>6월3일(14:00-17:00)</td><td>삼다홀</td><td>300명</td></tr>
<tr><td>포스터세션</td><td>9월2일~4일
(10:00-18:00)</td><td>탐라홀 로비</td><td></td><td>안내접수요원
2명</td><td>번호판/포스터 판넬</td></tr>
</table>

세부운영계획

3. 사교행사

3.1 사교행사 개요

<table>
<tr><th>구분</th><th colspan="2">내용</th></tr>
<tr><td>일시</td><td>2025년 6월2일
18:00-20:00</td><td>2025년 6월3일
18:00-21:00</td></tr>
<tr><td>행사명</td><td>환영연</td><td>환송만찬</td></tr>
<tr><td>장소</td><td>ICC JeJu 전시홀</td><td>부영 호텔 그랜드볼룸</td></tr>
<tr><td>프로그램</td><td colspan="2">개회사/환영사/축사/건배제의/식사/축하공연</td></tr>
<tr><td>참가대상</td><td colspan="2">초청인사/회의참가자/관련인사</td></tr>
<tr><td>참가규모</td><td colspan="2">1,500명</td></tr>
</table>

세부운영계획

3. 사교행사

3.2 사교행사 콘셉트

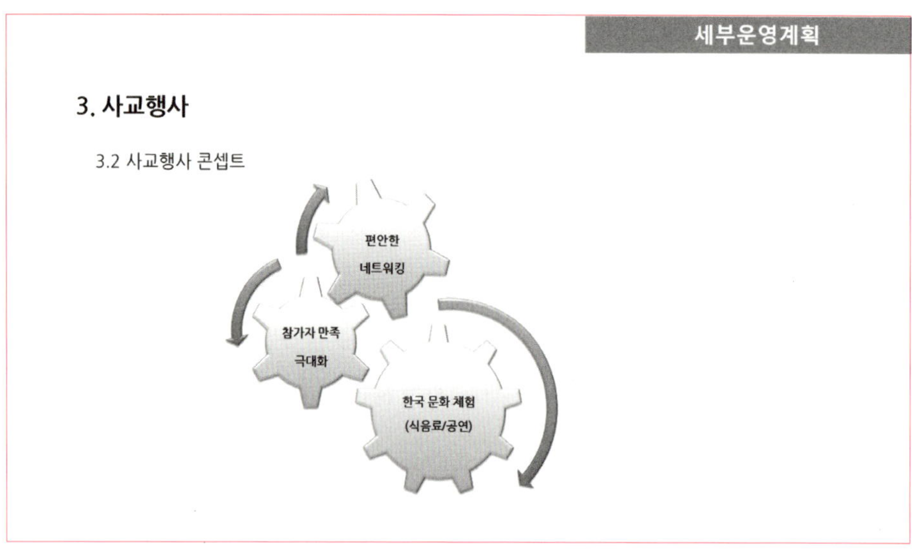

세부운영계획

3. 사교행사

3.3 환영리셉션

구분	내용
행사명	제10회 세계식품학술협회 총회 환영연
일 시	2025년 6월 2일(월) 18:00~20:00
장 소	ICC Jeju 전시장
개최목적	성공적인 행사 개최를 기원하고 회원들간 네트워킹의 場 마련
프로그램	칵테일 리셉션 개회사, 환영사, 축사, 축하공연, 식사, 폐회
식사메뉴	스탠딩 뷔페
축하공연	K-타이거즈 시범

세부운영계획

3. 사교행사

3.3 환영리셉션(Floor Plan)

무대

뷔페
뷔페
뷔페
25

세부운영계획

3. 사교행사

3.4 환송만찬

구분	내용
행사명	제10회 세계식품학술협회총회 환송만찬
일 시	2025년 6월 3일(화) 18:00~21:00
장 소	제주부영호텔 그랜드볼룸
개최목적	성공적인 행사 마무리를 축하하는 의미, 차기 개최지에서 다시 만날 기약을 하는 場
프로그램	격식 있는 만찬 경과보고, 감사인사, 축사, 축하공연, 식사, 폐회
식사메뉴	한정식 코스(건배주/전통주,제주 전통음식 세계화) *특이식 참가자 배려한 메뉴 선정
축하공연	한국전통공연(부채춤/소고춤 등), K-pop공연,차기 개최 홍보 영상 스크리닝

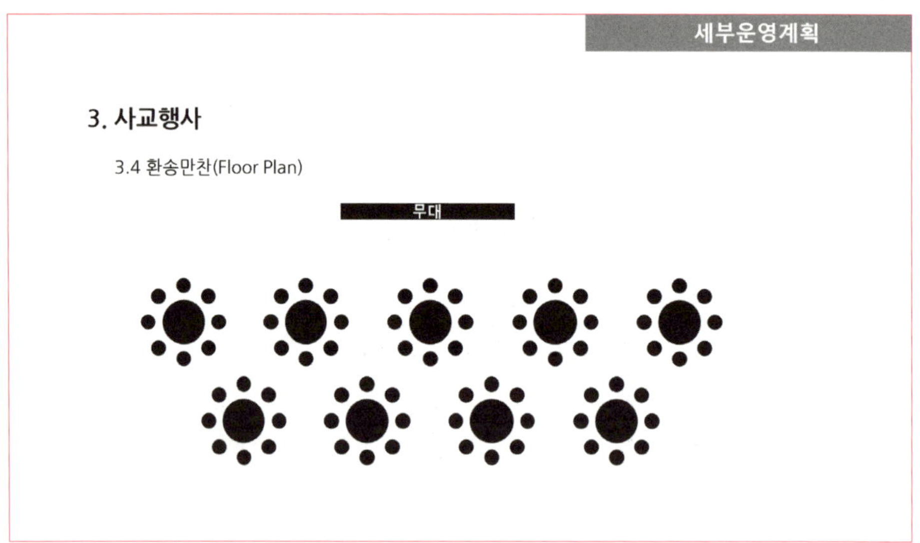
세부운영계획
3. 사교행사
3.4 환송만찬(Floor Plan)
무대

NCS-Based

CONVENTION PLANNING

제4장 컨벤션 영어서신 기출문제(복원) 해설

CONVENTION PLANNING

영어서신 관련 최근 3년 동안의 출제 내용을 분석해보면 아래의 3가지 유형이 출제되는 경향을 보이고 있다. 첫 번째 유형은, 협회나 학술회의로 회의 특성상 논문을 발표하고자 하는 발표자들이 초록을 접수하고 심사에 통과되면 발표자로 참가하게 되는 형식을 취한다. 두 번째 유형은, 기업에서 개최하는 기업회의로 글로벌 기업들의 글로벌 컨벤션으로 참가대상이 기업의 임직원이다. 이 행사의 개최 의의는 전 세계에 있는 임직원들을 한 자리에 모아 기업에 대한 자부심 고취와 미래 발전을 위한 비전제시 그리고 사기진작을 중심으로 한다. 세 번째 유형은, 정부회의로서 정부 관료들을 초청하여 참석하는 회의의 형식이다. 초청과 의전을 중요시 하는 회의의 특성을 가지고 있다. 이러한 특성들을 반영하여 관련한 영어서신 작성 사례를 소개하고자 한다.

- 유형 1. 협회 / 학술회의(2020년 2회 / 2021년 3회)
  논문발표자를 위한 초록제출 및 참가자 등록

- 유형 2. 기업회의(2020년 3회 / 2021년 2회 / 2022년 1회)
  CVB에 관광지 추천 요청, 호텔 객실 제안 요청, 특별연사 초청

- 유형 3. 정부회의(2021년 1회 / 2020년 1회)
  초청(참가자), 호텔 식음료 제공정보 요청, 공항 VIP라운지 이용 가능여부 문의

01 유형 1. 학술 / 협회회의(2020년 2회 / 2021년 3회)

초록제출 권유 / 초록제출 관련 정보 / 참가자 등록 정보

지시서

〈회의취지〉

세계식품학술협회는 식품산업계의 인적교류와 학문적 교류를 통해 해당 산업의 경쟁력 향상을 도모하고 고부가가치 산업으로의 인식제고를 위한 행사로 2025년 세계식품학술협회 총회를 제주컨벤션센터 ICC JEJU에서 개최하고자 한다. 이 행사를 주관하는 컨벤션기획사 당신은 참가 대상자들에게 초록 제출을 권유하고 등록 및 논문 제출방법을 상세히 설명하는 영문서한을 작성하고자 한다.

〈조건〉

이번 총회(조직위원장 : Mr. Gil-dong Hong)는 2025년 8월 12(화)부터 14(목)까지 3일간 제주컨벤션센터에서 개최한다. 본 행사에는 세계식품협회 회원은 물론 비회원 및 국내·외 관련 학자, 업계종사자, 기업체 및 동반자들이 참가한다. 회의 공식 언어는 영어이며 내국인 600명, 외국인 1,400명이 참석할 예정이다.

〈참고사항〉

⊙ 등록비

- 조기등록(2025년 6월 30일까지) : 회원 $500, 비회원 $600, 동반자 $200
- 현장등록 (2025년 7월 1일 이후) : 회원 $600, 비회원 $700, 동반자 $300

⊙ 등록비 납부방법 : US$로 신용카드(Visa, MasterCard, Amex만 가능)
계좌이체(한국은행, 12345-12345, 예금주 : 대한식품협회 공식홈페이지www.kfa2025. org에서 전자결제

⊙ 등록비 포함사항

- 참가자 : 컨퍼런스 키트(초록집, 프로그램북), 회의장 입장, 개·폐회식 및 환영, 환송연
- 동반자 : 컨퍼런스 키트, 개폐회식 및 환영, 환송연

⊙ 등록비 환불규정

- 2025년 7월 31일까지 : 수수료 50% 공제 후 환불

- 2025년 8월 1일 이후 : 환불 불가
  - 환불신청은 반드시 서면상으로 사무국에 통보되어야 하며, 환불은 총회 종료 후 2개월 안에 이루어질 것임

⊙ 논문초록 제출 마감 : 2025년 2월 28일(제출된 논문은 반환되지 않음)
⊙ 초록 제한 길이 : 영단어 300자 이내(반드시 영어로 제출)
⊙ 초록 제출 방법 : 공식 홈페이지 또는 이메일(MS WORD 파일로 제출)
⊙ 초록 채택여부 통지 :

[문제 1]
초록 제출을 권유하는 서한을 영문으로 작성하시오.

[문제 2]
초록 제출에 관련된 1) 마감일, 2) 제한 길이, 3) 제출 방법, 4) 채택여부 사항을 설명하는 서한을 영문으로 작성하시오.

[문제 3]
등록정보에 관련된 1) 등록비 정보, 2) 납부방법, 3) 환불정보 사항을 설명하는 서한을 영문으로 작성하시오.
- 모든 서신 작성일은 2024년 8월 20일로 간주
- 문제당 서신 분량은 A4 용지 2~3매 내 · 외

【문제 1】

초록 제출을 권유하는 서한을 영문으로 작성하시오.

The 2025 Annual Conference for International Food Science Association

August 24th, 2024

Dear Members :

SUBJECT : CALL FOR ABSTRACTS

I would like to take the opportunity to call your attention to "The 2025 Annual Conference for International Food Science Association" which will take place at ICC Jeju in Jeju Island, South Korea from August 12 to 14, 2025 for 3 days.

This Conference aims to enhance the competitiveness of the food industry and raise awareness as a high value-added industry through human and academic exchanges.. For this, more than 2,000 people from all over the world and Korea are expected to attend this conference - from academia, government, and business in food.

The conference solicits contributions of abstracts that address themes and topics of the conference. The authors of the accepted abstracts will be asked to submit their full paper to be presented at the conference. Your paper, if accepted and presented, can spark up good discussions. Also, you can have a wonderful opportunity to be engaged in a further development process and to network with a host of professionals in the field.

We sincerely look forward to seeing you in Jeju.

Sincerely yours,

____

(Signature)
Gil-Dong HONG
Chairperson
Annual Conference Organizing Committee

【문제 2】

초록 제출에 관련된 *1)* 마감일, *2)* 제한 길이, *3)* 제출 방법, *4)* 채택여부 사항을 설명하는 내용을 서한의 첨부문서 형식으로 작성하시오.

The 2025 Annual Conference for International Food Science Association

August 24th, 2024

Dear Members :

SUBJECT : GUIDELINES TO SUBMISSION OF ABSTRACT

On behalf of all the members of the International Food Science Association, I would like to extend our warm invitation to you to "The 2025 Annual Conference for International Food Science Association" which will be held at ICC Jeju in Jeju Island, South Korea on August 12 -14, 2025.

The purpose of this Conference is to enhance the competitiveness of the food industry and raise awareness as a high value-added industry. For this, 1,400 people from overseas and 600 people form Korea are expected to attend this conference - from academia, government, and business in food.

This is to inform you that you are required to follow the submission guidelines.

[Guidelines]

- *The abstract should be submitted in the format of MS Word(.doc or .docx).*
- *It should not exceed 300 words in English.*
- *Submitted abstract will not be returned. Abstracts received after the given deadline, due to any reason, will not be accepted usnless the deadline is extended.*
- *The abstract should be submitted either to the official website of conference (www.kfas.org), or sent via email (abstract@abcconvention.co.kr).*

- *Deadline : February 28th, 2025*

The authors of selected abstracts will be reached by the committee by the end of March, 2025 via personal email. The authors will be given the presentation time of 15 minutes, including Q&A, on the conference stage.

Please submit your abstract to :

Ms. JJ KIM
Senior Convention Manager of ABC Convention.
Tel : (+82) 02-111-1111
Email : abstract@abcconvention.co.kr

Please Find the enclosed guidelines to submission of abstract. Thank you in advance for submitting your abstract to this conference, please do not hesitate to contact us, if you have any further inquiries.

Yours truly,

____

(Signature)
Gil-dong HONG
Chairperson
Annual Conference Organizing Committee

Enclosure : Guidelines to Submission of Abstract

【문제 3】

회의 등록과 관련된 *1)* 등록비 정보, *2)* 납부 방법, *3)* 환불 정보 사항을 설명하는 서한을 영문으로 작성하시오.

The 2025 Annual Conference for International Food Science Association

August 24th, 2024

Dear Members :

SUBJECT : Information on Registration

It is our pleasure to invite you to "The 2025 Annual Conference for International Food Science Association" which will be held at ICC Jeju in Jeju Island, South Korea from August 12 to 14, 2025 for 3 days.

For this occasion, as many as 600 people from Korea and 1,400 people from overseas will flock in to the city to discuss ways to boost the competitive edge, appeal, and recognition of food science and industry.

The conference will welcome all circles of people from business, academia, and government - whether they be members or non-members of this association - and English will be an official language to listen to all global participants.

If you are interested in joining us, please send your registration form to ABC Convention who is managing the event.

We hope to see you in Jeju Isiland, Korea's most prestigious destination and top honeymoon spot. Be part of this wonderful and important event.

Sincerely,

____

(Signature)
Gil Dong HONG
Chairperson
Annual Conference Organizing Committee

Enclosure : Information on Registration

Information on Registration

1) Registration Fee

Category	Member	Non-Member	Accompanying Person
Pre-Registration (no later than JUNE 30th, 2025)	USD 500	USD 600	USD 200
On-Site Registration (from July 1st,2025)	USD 600	USD 700	USD 300

※ Receiving Items

Included in the registration fee are the admission to all academic sessions, opening & closing ceremony, welcoming reception & farewell party, and congress kit (including abstract and program books). For accompanying persons, the same condition will be provided with an EXCEPTION of admission to academic sessions.

2) Payment method (Choose one among the options)

- *Credit Card (Only Visa, Master, and Amex are accepted)*
- *Account Transfer : Account number 12345-12345, Bank of Korea*
  Korea Food Science Association
- *Online payment on the official website of the organizer : www.kfa2025.org*

3) Cancellation and Refund Policy

If cancellation request is received no later than July 31st, 2025, 50% of the registration fee will be refunded after deduction. However, it is non-refundable if the request is received on and after August 1st, 2025. Any cancellation notice should be delivered in a written form to Secretariat and the refund will be processed within 2 months after the conference is over.

02 유형 2. 기업회의(2020년 3회 / 2021년 2회 / 2022년 1회)

CVB에 관광지 추천 요청, 호텔 객실 제안 요청, 특별연사 초청

지시서

〈회의 취지〉

글로벌 기업 페이스북Facebook 본사에서는 시대가 요구하는 미래의 비전을 제시하고, 세계 각국 임직원들의 성과보상 및 사기증진을 도모하기 위해 Facebook Global Convention 2026을 개최하고자 한다. 참석 인원은 2,000명으로 본 회의 개최를 위해 1) 서울 CVB 대상 관광지 추천요청 서신, 2) 호텔 대상 객실제안 요청 서신, 3) 특별연사 대상 강의초청 서신 발송이 필요하다.

〈회의 개요〉

- 개최일시 : 2026년 6월 2일(화)~5일(금)
- 개최장소 : 서울 COEX
- 주최 : Facebook, 주관 : K-PCO
- 참가 예상인원 : Facebook 본사 및 해외지사 임직원 2,000명(임원 500명, 직원 1,500명)
- 참고사항
  - 동행자 동행 불가, 공식 언어는 영어(동시통역 서비스 제공 안 됨)

〈CVB 대상 관광지 추천 요청 시 참고사항〉

- 일시 : 6.3(수)~6.5(금) 오후
- 테마 : 문화체험, 역사, 야경 3가지로 투어 운영 원함
- 금액 : 1인 20만원 내 · 외
- 대상 : 약 2,000명. 임직원 연령대(30대 1,000명, 40대 500명, 50대 이상 500명)

〈호텔 대상 객실 제안 요청 시 참고사항〉

- 일시 : 6.1(월)~6.6(토)
- 필요 객실 : 4성급 이상 1,500실, 5성급 이상 500실
- 요청사항 : 인원 수용 가능 여부, 조식 포함 객실 가격
- 문의 서비스 : 공항 픽업, COEX와의 셔틀운행, 호텔 부대시설(사우나, 피트니스 등)

〈특별연사 초청 시 참고사항〉

- 강연일시 : 6월 2일(화) 10시~10시 30분
- 장소 : COEX 그랜드볼룸에서 진행
- 강연주제 : NEXT Platform 'META'
- 혜택 : 5성급 호텔 2박, 일등석 항공권, 강연비 US$30,000

[문제1]

서울 CVB에게 관광지 추천을 요청하는 서신을 영문으로 작성하시오.

[문제2]

서울 호텔들에게 객실 제안을 요청하는 서신을 영문으로 작성하시오.

[문제3]

특별연사를 초청하는 서신을 영문으로 작성하시오.

- 모든 서신 작성일은 2025년 7월 31일로 간주
- 문제당 서신 분량은 A4 용지 2~3매 내 · 외

【문제 1】

서울 ***CVB***에게 관광지 추천을 요청하는 서신을 영문으로 작성하시오

Facebook Global Convention 2026

July 31st, 2025

Dear International Convention Manager of Seoul Convention and Visitors Bureau (CVB),

SUBJECT : RECOMMENDATION REQUEST FOR 3 THEMED TOURS

The global corporate Facebook headquarter intends to hold the Facebook Global Convention on June 2-5, 2026 at COEX in Seoul. to present a vision for the future required by the times, and to reward performance and improve morale for employees around the world.

It is a great pleasure of mine to reach Seoul CVB to request recommendations for our themed tours. The tour will be provided to our Facebook employees coming to join the Facebook Global Convention in 2026.

Facebook decided, after careful considerations, that Seoul is a perfect place to host our convention with its rich historical heritage and fine serenity of the city.

Here are the details for the Facebook Global Convention :

1) Dates of the Tour Program : June 3 to June 5, 2026

2) Scale : 2,000 attendees (500 people from the U.S. headquarter and 1,500 employees from various countries). No accompanying persons.

3) Age groups : 1,000 people in their 30s, 500 in their 40s, and 500 over 50s

And in the course of 3 days from June 3rd to 5th, we want to prepare different tour program on each day, themed on cultural experience, history, and night scene. Please note that the tour budget for each person is set around $200.

Your assistance and recommendations would be much appreciated. I look forward to the wonderful suggestions you may provide to us.

Best regards,

____

(Signature)
Gil-Dong Hong
Managing Director of K-PCO

【문제 2】

서울 호텔들에게 객실정보 및 예약정보를 문의하는 서신을 영문으로 작성하시오.

Facebook Global Convention 2026

July 31st, 2025

Dear Room Manager of OOO Hotel :

SUBJECT : REQUESTING INFORMATION ON ROOM AVAILABILITY AND RESERVATION STEPS

We are pleased to inform OOO hotel of the major event of Facebook Global Convention 2026 which will be held at COEX in Seoul on June 2-5, 2026.

The event will take place in COEX and we expect more than 2,000 participants to attend the Convention, roughly 500 executives from the U.S. headquarter and 1,000 employees from all over the world. It will truly be a global event in spectrum and scale. To make the event successful, we are looking for hotels that can best cater to the needs of our participants, who will mostly be Facebook executives and employees. Here are the key requirements as well as the information we need in our selection for the accommodation facility :

[Requirement condition]

- *Number of Rooms*
  - *In total, we need 1,500 rooms (in 4-star hotels or above) and 500 rooms (in 5- star hotels or above).*
- *5 night stay (from June 1st to 6th)*

[Needed information]

- *Room rates : rates including room & breakfast*
- *Reservation terms and process*

- *Details such as deposits, refund policy, guarantee number, etc.*

- *Provided services and facilities*
  - *Service you normally provide to a large-guest group (such as pick-up service from the airport, shuttle bus between the hotel and meeting venue, etc.)*
  - *Please list facilities inside the hotel (such as fitness center & sauna) While Facebook oversees the planning and execution of the convention, K-PCO company is handling all the fine details and operation of the event. So please contact K-PCO to make your suggestions and inquiry via email, facebookconvention@k-pco.com*

Thank you in advance for your consideration and cooperation. We look forward to receiving good offers from you.

Cordially,

____

(Signature)
Gil-Dong Hong
Managing Director of K-PCO

【문제 3】

특별연사를 초청하는 서신을 영문으로 작성하시오.

Facebook Global Convention 2026

July 31st, 2025

Dear Mr. Colum McCann

SUBJECT : INVITATION AS A SPECIAL GUEST SPEAKER

It is a great honor to extend an invitation to you as our special speaker to the Facebook Global Convention 2026 which will be held in Seoul, South Korea serving its role as a capital city of Korea for more than 600 years. Seoul, Soul of Asia, is now becoming an international city being a hub for global business, industry, transportation, and culture. I am sure you would enjoy the place.

We would like you to give a lecture for our conference about the theme on NEXT Platform 'META' on the 2nd of June from 10:00 to 10:30 a.m. The venue is expected to be COEX in Seoul and your lecture will be held at Room 301 on the 3rd floor.

It is well known that you have covered extensively on uprisings and social reforms in the Arab region and identified the spread of SNS to be the underlying cause. For our people working at the Facebook, we would like to know and hear how SNS platforms, including our own, is changing the political landscapes around the world. Therefore, it would be a great privilege if you can speak at the convention on June 2nd, 2026 on the topic of "The Arab Spring and SNS." We would be more than happy to offer two night stay at the 5-star hotel, first-class round-trip flight tickets, and 30,000 US dollars as honorarium to you.

We will be very honored if you accept our invitation. We are looking forward to your positive reply. If you need further information, please feel free to contact us.

Best regards,

____

(Signature)
Jonathan Smith
Senior Executive of HR Facebook

03 유형 3. 정부회의(2021년 1회 / 2020년 1회)

초청, 호텔 메뉴계획 및 단가요청, 공항 VIP라운지 이용가능 여부

지시서

〈회의취지〉

"OECD 국토교통 장관회의"는 국토교통부 주최로 OECD장관 및 각국 대표단이 참석한 가운데 각국의 도시문제 해법을 공유하고 지속적인 협력을 약속하는 자리이다. "글로벌국토교통전시회"도 함께 개최되며, 이 행사는 2026년 11월 25일부터 27일까지 서울 COEX에서 진행된다.

〈조건〉

- 각국 정부에서 2명 초청(장관과 고위급 공무원)
- 각국 대표단에게는 왕복항공권, 수송차량, 숙소 제공
- 호텔에서 각국 대표단 대상 만찬 예정(350명 규모 예상)
- 글로벌 국토교통 전시회를 통해 전시회 개최와 해외 바이어 초청.
- 전시회를 통해 20개국 300여명의 해외 바이어 초청
- 바이어와 전시참가업체의 1 : 1 비즈니스 상담회도 진행 예정
- 초청 바이어에겐 항공료 50% 할인, 호텔 2박 제공

【문제 1】

OECD 국토교통 장관회의 초청 서신을 작성하시오. *(초청범위 및 제공사항 포함)*

OECD Land Transport Ministerial Meeting and Fair

April 15th, 2026

Dear Honorable Ministers :

SUBJECT : INVITATION TO OECD LAND TRANSPORT MINISTERIAL MEETING & FAIR

We are very pleased to inform you that "OECD Land, Infrastructure and Transport Ministerial Meeting" is hosted by South Korea Ministry of Land, Infrastructure and Transport and attended by OECD ministers and delegations from different countries to share solutions to urban problems and promise continuous cooperation. The "Global Land & Transport Fair" will also be held at COEX, Seoul from November 25 to 27, 2026.

In this Ministerial Meeting organized by Korean Ministry of Land, Infrastructure and Transport, a wide range of issues caused by rapid urbanization will be shared and discussed to find the right and sustainable solutions. Alongside the Ministerial Meeting, Global Land Transport Fair will be opened where you will first-hand experience innovative products and services developed to target serious problems arising from urbanization.

This committee will be delighted to present two delegates of each OECD nation - a Ministerial level and a high-ranking official - with a round-trip flight ticket, hotel stay, and an escort vehicle from the airport. A dinner for 350 expected delegates from each country will be held at the hotel. More than 300 buyers from 20 countries will visit the Fair and engage in one-on-one business meetings. We will provide invited buyers with 50% discounted round-trip flight tickets and 2-night hotel stays. Here we enclose information and registration form for Global Land Transport Ministerial Meeting and Fair.

If you inquire any further information, please contact us without hesitation. We truly look forward to your visit to Seoul which, we believe, will result in fruitful discussion and satisfying outcome.

Yours truly,

____

(Signature)
Gil-Dong Hong
Minister of Land, Infrastructure, and Transport
Republic of Korea

Enclosed : as stated above

【문제 2】

서울 호텔들에게 식음료 견적 요청하는 서신을 영문으로 작성하시오.

F&B Service and Quotations for OECD Land Transport Ministerial Meeting Banquet

May 10th, 2025

Dear F&B Manager of 000 Hotel,

SUBJECT : INQUIRING F&B QUOTATIONS FOR THE PLANNED BANQUET

It is my delight to write this letter to 000 hotel to inquire about details related to banquet for our big upcoming event : OECD Land Transport Ministerial Meeting. The meeting will run from November 25th to 27th, 2026, and the banquet is intended for the night on November 25th, starting from 7 p.m. under the title of Welcoming Reception.

These are rough details for the night :

1) Participant number : 350 people (Minister, high-ranking officials, journalists, etc.)

2) Time : 7 pm to 10 pm

3) Theme of the Event : Welcoming Reception for Ministerial-level meeting

I'd like to know what food menu and beverage options you can recommend. I am also interested in the seating arrangement options that can best accommodate these guests. Please send us your recommendations and quotations for the banquet so that we can discuss further details next time.

If you need further more details, please do not hesitate to contact me. I look forward to hearing from you soon.

Sincerely yours,

____

(Signature)
Gil-Dong Hong
Senior Convention Manager
Korea Convention Planning Co., Ltd.

【문제 3】

공항 ***VIP*** 라운지 사용가능여부 문의 서신을 영문으로 작성하시오.

VIP Lounge Use Request for OECD Land Transport Ministerial Meeting 2026

September 5th, 2025

SUBJECT : REQUESTING THE USE OF VIP LOUNGE AT THE AIRPORT FOR HIGH DELEGATES OF THE MEETING

Dear Executive Manager of Korea Airports Corporation,

I am writing this letter to request the use of VIP Lounge at the Incheon International Airport by participants to our planned OECD Land Transport Ministerial Meeting which will be held at COEX in Seoul from November 25 to 27, 2026.

Our participants include high-level governmental officials, including Ministers and Deputy Ministers from multiple OECD countries, who need utmost care and protection by the host country. To fully provide the necessary protocol we normally render to our important delegates and government officials, we would like to reserve seats and services at VIP Lounge from November 24 to 28, 2026. It is our estimate that around 30 delegates will use the VIP Lounge and we will provide the names, nationalities, and flight schedules of the people shortly once we confirm the list by next month.

We appreciate your cooperation to make this Ministerial Meeting successful and anticipate your response at your earliest convenience.

Sincerely,

____

(Signature)

Hong-Gil Dong

Senior Planning Manager

Organizing Committee of OECD Land Transport Ministerial Meeting

【추가】

해외바이어에게 비즈니스 상담회 안내 및 참석요청 메일을 작성하시오.

Buyer Invitation to Business Meeting for Global Land Transport Fair 2026

August 10th , 2025

Dear Buyers,

SUBJECT : INVITATION TO 1 : 1 BIZ MEETING FOR GLOBAL LAND TRANSPORT FAIR

It is our pleasure to warmly invite you to the upcoming "Global Land Transport Fair" and its related 1 : 1 Business Meeting as a buyer. This Fair will run from November 25th to 27th and 1 : 1 business meeting is planned on November 27th (Fri) from 2pm to 6pm to connect the selected exhibitors and buyers.

The Global Land Transport Fair, opened at COEX in Seoul, Republic of Korea, will showcase many advanced technologies and services aimed at changing people's lives for the better and smarter in the city. Exhibition items will include smart city energy-saving technologies, smart water management system, monitoring system, and many more. We will provide invited buyers with 50% of airfare and two-night stay at the hotel. You will take an opportunity to explore partnership with Korean and OECD companies and to see the beautiful city of Seoul where smart technologies are already much implemented and in operation.

Please see the attatched registration form for buyers. We look forward to seeing you in Seoul.

Yours faithfully

____

(signature)
Gil-Dong Hong
Senior Planning Director
Organizing Committee of Global Land Transport Fair

Enclosure: Registration form for buyers